Ursula von Arx · Liebe, lebenslänglich

Ursula von Arx

LIEBE, LEBENSLÄNGLICH

Wie Eltern ihre Töchter oder Söhne sehen – und umgekehrt

14 Beziehungsporträts

KEIN & ABER

Ebenfalls von Ursula von Arx:
Ein gutes Leben

Alle Rechte vorbehalten
Copyright © 2013 by Kein & Aber AG Zürich – Berlin
Coverillustration: Stephanie Franziska Scholz, http://stephanie-f-scholz.com
Satz: Fotosatz Amann, Aichstetten
Druck und Bindung: CPI – Ebner & Spiegel, Ulm
ISBN 978-3-0369-5678-7
Auch als eBook erhältlich

www.keinundaber.ch

Für Vera, Felix und Arno

INHALT

VORWORT

Manchmal bemerkt man seinen Irrtum auf den ersten Blick. Wie dieser Freund von mir, der in seiner Jugend viel Existentialismus gelesen hat. Als er Vater wurde, erwartete er ein Wesen ohne Spuren und Vorurteile. Doch als er in die blauen Augen des Neugeborenen blickte, Minuten nach der Geburt, sah er, dass er sich getäuscht hatte: Da war eindeutig jemand zu Hause; jemand mit eigenem Willen und eigener Sicht. »Im Grunde blieb mir nichts anderes übrig, als dasselbe zu sagen wie Fürst Rainier von Monaco«, sagte der Freund. »Der empfing nach dem Formel-1-Grand-Prix den Sieger in seinem Zelt. Und egal, wer gewonnen hatte, Fürst Rainier begrüßte ihn immer mit denselben Worten: ›Ich freue mich ganz besonders, dass Sie es sind.‹«

Das ist das Drama der hier versammelten Geschichten in einem Satz: Zwei Personen treffen aufeinander und bleiben lebenslang verbunden.

Ich habe bei Recherchen noch nie so viele Tränen gesehen wie in den Begegnungen für dieses Buch. Es waren mehr Tränen von Seiten der Eltern als der Kinder, mehr von Seiten der Mütter als der Väter. Es waren Tränen der Rührung, aber noch mehr Tränen der Trauer.

Eine Familie ist kein sicherer Hafen, sie ist ein Wagnis.

Wenig ist vergleichbar mit den Verletzungen, die man sich da zufügen kann. Das liegt an der Unkündbarkeit der Beziehung. Man kann zwar brechen mit seinen Eltern, aber Vater bleibt Vater und Mutter bleibt Mutter. Man kann sie nicht ersetzen, so wenig wie man einen Sohn oder eine Tochter loswerden kann. Kein Wunder, wird zwar oft gekämpft, geflüchtet, sich beklagt – und dann doch wieder geliebt. Komplette Ablehnung zwischen Eltern und Kindern ist selten. Nur einer meiner Gesprächspartner hat den Kontakt mit seinem Vater abgebrochen und bemüht sich darum, ihn wie irgendeinen unsympathischen Mann zu sehen. Alle anderen halten aneinander fest.

Oft wird mit psychologisch subtilen, aber umso wirksameren Waffen gekämpft. Etwa wenn eine Mutter ihrem Sohn alles bietet, was ihn fördern könnte, er diese Angebote aber als Übergriffe versteht und als Aufforderung, mehr aus sich zu machen. Oder wenn der pubertierende Sohn vor den Augen seiner erschöpften Mutter die Wäsche zusammenlegt, weil er spürt, dass sie seine Hilfe als Vorwurf empfinden wird.

Die Sicherheit der Beziehung zwischen Eltern und Kind hat schöne Seiten und gefährliche: Keine andere Beziehung im Leben lässt es zu, sich so wenig auf den Standpunkt des Gegenübers einzulassen. Sogar gute Freunde fordern einen in dieser Hinsicht kaum heraus. Wer sich über seinen Vater oder seine Tochter beklagt, muss kaum mit harten, genauen Fragen rechnen.

So war es nicht einfach, Mütter oder Väter mit ihren Töchtern oder Söhnen zu finden, die bereit waren, getrennt über ihre Beziehung Auskunft zu geben. Nicht nur hieß es, das sei zu privat. Ein häufig genannter Grund war auch, dass man zuerst den anderen direkt mit seinen Erinnerungen konfrontieren müsste. Die hier Versammelten beweisen also Mut, auch wenn sie zum Teil unter geändertem Namen auftreten. Denn sie stehen zu ihrer Geschichte und öffnen sie zugleich für den Blick des Gegenübers.

Keiner meiner Gesprächspartner blieb gleichgültig während des oft sehr langen Interviews über den Vater, die Mutter, den Sohn oder die Tochter. Stets ging es auch um die eigene Person. Stets schwang die Frage mit, wie man werden konnte, was man ist, was man genetisch geoder vererbt hat, und was durch Erziehung weitergegeben wurde. Die Eltern suchen bei ihren Kindern, die Kinder bei den Eltern nach Spuren des Eigenen. Dazu kommt fast immer die Frage nach den Fehlern. Viele Eltern sehen sich stark in der Verantwortung für das Lebensglück ihrer Kinder. Und die Kinder sehen die Eltern als Mitverursacher ihrer Probleme.

Die Geschichten in diesem Buch zeigen, wie schwer es ist, in der Erziehung den richtigen Weg zu finden. Faustregeln helfen nicht weiter, gefragt ist Urteilsvermögen. Meist geht es um das richtige Maß an Druck, Erwartungen, Gehorsam, Schutz, Geborgenheit, Lob, Freiheit, Kontrolle, Vertrauen. Mal klagten die Kinder über ein Zuviel, mal über ein Zuwenig, und oft relativierten sie sich gleich im nächsten Satz.

Was mich überrascht hat, ist, wie unterschiedlich es zwischen Eltern und ihren Kindern zugeht. Und wie unterschiedlich gut Eltern und Kinder zusammenpassen. Manche können sich harmonisch aneinanderschmiegen.

Sie stützen, stärken und ergänzen sich. Andere sprechen nicht dieselbe Sprache und müssen um Verständigung ringen, und nicht immer bemühen sich beide Seiten mit gleichem Elan. Manche sind sich mühelos nah, andere wie Katz und Maus. Was mich beruhigt hat: Fehler werden in jedem Fall gemacht. Und trotzdem finden fast alle Kinder den Weg ins Leben, mal nach dem Beispiel der Eltern, mal in der Gegenrichtung, oft in ganz eigener Regie.

Man sucht sich seine Eltern nicht aus, so wenig wie seine Kinder. Aber es sind die Eltern, die sich für ein Kind entscheiden. Werdende Väter oder Mütter wissen, dass sie einen lauten, hungrigen Unbekannten in die Arme gelegt bekommen, dessen Hilfsbedürftigkeit und dessen Ansprüche sie an die Grenzen ihrer Kräfte bringen können und darüber hinaus. Sie wissen, dass sie sich einem Wesen in die Hand geben, das sich rasant verändert, viel schneller und radikaler als sie selbst, und wer weiß, wohin. Kaum haben sie sich an ein Kind gewöhnt – an das Baby, die Schülerin, den Halbwüchsigen – schon ist es Erinnerung, und jemand Neues gleichen Namens steht vor ihnen. Der sie womöglich beschimpft, beschuldigt und infrage stellt und für den sie sich zuständig fühlen: für jede Dummheit, jeden Misstritt, jedes Husten, jede Katastrophe. Enttäuschungen sind vorprogrammiert.

Die Frage, warum Menschen trotzdem Kinder haben, steht hinter allen Geschichten in diesem Buch. Die Antworten, die ich von den befragten Müttern und Vätern bekommen habe, waren breit gestreut. Bei den ältesten Gesprächspartnern entfaltete das biblische Gebot noch Wirkung, fruchtbar zu sein und sich zu mehren. Bei den jüngeren wurden Kinder als Sinnstifter begriffen, als Ge-

gengift zu überdesignten Wohnungen und Leben. Die Väter präsentierten sich manchmal in der passiven Rolle: Der Wunsch sei von den Müttern ausgegangen. Stets war das Ticken der Norm hörbar, dass Kinder eben zum Leben gehören. Nicht zuletzt wurden sie als Spiegel und Vermittler des eigenen Selbst gesehen.

Die grundlegende Antwort, glaube ich, liegt in den Lach- und Sorgenfalten der Väter und Mütter. Alle haben sie sich auf ein Abenteuer mit offenem Ausgang eingelassen. Wie bei allen Abenteuergeschichten dreht sich auch in den Geschichten dieses Buches alles um Momente großen Glücks. Doch die sind oft banal und schnell erzählt. Viel mehr Raum nimmt die Schilderung der Gefahren und Hindernisse ein. Seefahrer bekommen im Laufe der Zeit verwitterte Gesichter, Eltern zerfurchte. Nicht nur Eltern prägen, auch Kinder prägen, deshalb wohl lassen Menschen sich auf sie ein. Eines aber unterscheidet dieses Abenteuer von allen anderen, auf die sich Menschen miteinander einlassen können: Es gibt kein Zurück. Die Verbindlichkeit zwischen Eltern und Kindern ist radikal und die Grundlage für die tiefsten Gefühle überhaupt, die schönsten und die schmerzhaftesten. Wer Vater oder Mutter wird, sucht Liebe lebenslänglich.

Dirk Niepoorts
langer Atem

Er zweifelte lange, denn er litt an mangelndem Selbstbewusstsein neben seinem erfolgreichen Vater. Und als Daniel Niepoort (21) sich endlich entschieden hatte, dass auch er Winzer werden wollte, sagte sein Vater nur: Ich werde dir nicht helfen. Für den Sohn war diese Reaktion unverständlich, für Dirk Niepoort (49) war sie ein Zeichen von Vertrauen.

Wenn Dirk Niepoort an einem Tisch mit vielen Leuten sitzt, mit Weinkritikern und Veranstaltern von Weinevents etwa, dann ist er der Leiseste und gleichzeitig das Zentrum. Er trägt bequeme Kleidung, gelockte, unordentliche Haare, manchmal ein feines Lächeln. Er hat nichts Bestimmendes in seinem Auftreten, er hat überhaupt kein Auftreten, vielmehr ist er das, was man wohl als natürliche Autorität bezeichnen würde.

Dass Dirk Niepoort kein Freund des Flüchtigen ist, mag bei ihm in der Familie liegen. Das Unternehmen Niepoort Vinhos, das er in der fünften Generation leitet, existiert seit 1842. Es bringt immer noch Flaschen auf den Markt, die man für vollen Genuss erst nach einem halben Jahrhundert öffnet. Selbstverständlich denkt Dirk Niepoort – der mit vollem Namen Eduard Dirk van der Niepoort heißt, Eduard nach seinem Großvater – über seine eigene Zeit hinaus. Seine Pläne, Ziele, Visionen seien weniger auf die nächsten vier Monate ausgerichtet als auf die nächsten vierzig Jahre, sagt er. Es arbeite in ihm ohne Unterlass, »meine Firma ist mein Leben und meine erste Liebe, mit allen Konsequenzen«.

Dirk Niepoort hat drei Kinder aus zwei Ehen, wobei vor allem die erste Ehe an seiner geringen häuslichen Anwesenheit gescheitert sei. Eine andere Konsequenz ist, dass er sich als verantwortungsvoller 49-jähriger Unternehmer mit seiner eigenen Nachfolge beschäftigen muss. Er tut das auch, und zwar auf seine Art, sehr locker also, weitsichtig, vorsichtig, mit einem langen Atem. Alles scheint bei ihm auf Nachhaltigkeit angelegt, seine Weinberge in Portugals Douro-Region, der biodynamische Garten vor seinem Wohnhaus in Porto mit den vielen Schmetterlingen, aber vor allem auch die Beziehung zu seinen Kindern, zu Daniel zum Beispiel, seinem Ältesten.

Tatsächlich wird dieser junge, freundliche Mann im Blue-Authentic-T-Shirt – Eduardo Daniel Knöpfel van der Niepoort, Knöpfel nach seiner Mutter – bald zu seinem Vater ziehen, er ist jetzt für zwei Tage hier, um die letzten administrativen Fragen zu klären. Er wird eigentlich zu seinem besten Kollegen ziehen. Denn so beschreibt er seinen Vater, als seinen »besten Kollegen«, der sehr viel von ihm wisse, jedenfalls im Vergleich zur Mutter.

Das ist insofern erstaunlich, als Daniel Niepoort mit ihr sehr viel mehr Zeit verbrachte als mit ihm. Doch örtliche Nähe kann emotionale Distanz schaffen, und örtliche Distanz emotionale Nähe. Als er drei war, zog seine Mutter mit ihm und seinem eben geborenen Bruder von Porto nach St. Gallen, von wo sie ursprünglich stammt, wo sein Vater Wirtschaft studierte und wo die beiden sich kennengelernt hatten. Seither, also seit der Scheidung seiner Eltern, sah er seinen Vater nur in den Ferien, meist in Portugal, oder wenn der Papi, wie er ihn nennt, geschäftlich in der Schweiz zu tun hatte. Ihre Beziehung sei hauptsächlich übers Telefon gelaufen: »Ich wusste, wenn ich ihn brauche, kann ich anrufen.«

Dass er nun, mit 21 Jahren, auch räumlich die Nähe zu seinem Vater sucht, erklärt Daniel Niepoort einerseits mit seinem angespannten Verhältnis zur Mutter, andererseits mit beruflichen Interessen, doch vor allem erklärt er es mit dem Alter: »Meine Mutter hat sehr gut für mich gesorgt, als ich ein Kind war, später orientiert man sich mehr am Vater.« Vielleicht sei es auch eine Frage des Geschlechts, fügt er an, vielleicht müsste er ergänzen »als Junge«, also: als Junge orientiere man sich mit zunehmendem Alter mehr am Vater. Jedenfalls finde er, dass der große Abwesende seiner Kindheit die wenige Zeit, die sie miteinander verbracht hätten, mehr als wettgemacht habe: »Mit Taten. Er hilft einem.«

Wobei Dirk Niepoort mit diesen Taten auf sich warten ließ: »Ich wollte nie jemandem beweisen, dass ich der beste Vater der Welt bin.« Die Beziehung zu Daniel in Ruhe wachsen zu lassen, daran glaubte er, und dass alles

Forcierte kontraproduktiv sei. Es widerspreche seinem Charakter grundsätzlich, sich aufzudrängen. Und so habe er darauf vertraut, dass sich sein Kontakt zu Daniel intensivieren würde, sobald sein Sohn selber die Initiative ergreifen könne, sobald er zum Beispiel ein Handy besitze und ihn von sich aus anrufen könne. Und so sei es auch gewesen.

Seine Ex-Frauen konnten diese abwartende Haltung nicht immer nachvollziehen, es wurde ihm Egoismus und Gleichgültigkeit vorgeworfen. Dirk Niepoort erinnert sich an eine Szene, da lag er auf dem Sofa, die Zeitung in der Hand, daneben Daniel und seine Halbschwester Anna, zeichnend. Alle glücklich, alle bei sich und mit den anderen, Friede. Da sei seine Frau nach Hause gekommen und habe in vorwurfsvollem Ton zu ihm gesagt: »Wenn du ausnahmsweise mal hier bist, würdest du dich nicht besser mit den Kindern beschäftigen?« – »Aber warum hätte ich das tun sollen?«, fragt er. »Es wäre aufgesetzt gewesen. Es hätte weder mir Freude bereitet noch Daniel noch Anna, die ja ganz in ihrem Tun aufgingen. Warum hätte ich sie dabei stören sollen?«

Er habe mit seinen Kindern immer auf einen beiläufigen Umgang gesetzt, sagt er, darauf, dass man das tue, was einem natürlich erscheine. So entwarf er für Daniel kein Spezialprogramm, wenn er bei ihm in den Ferien war, sondern er nahm ihn einfach überallhin mit, in die Kellerei, zu Geschäftsessen, ins Büro oder in den Rebhang zur Ernte. Diese Erfahrungen hätten seinem Sohn geholfen, mit den verschiedensten Leuten umzugehen, ist der Vater überzeugt. Daniel zeige keine Scheu gegenüber Reichen, Gebildeten, Prominenten, und er zeige absolut keinen Dünkel gegenüber Bedürftigen oder weniger gebildeten Menschen. »Je anpassungsfähiger jemand ist, desto freier ist er zu tun, was er will«, sagt Dirk Niepoort, und dass er das seinen Kindern immer habe klarmachen wollen. Er glaube, dass Daniel sehr anpassungsfähig sei und in diesem Sinne frei.

Vielleicht lag es an der Freiheit, die er verspürte. Auf jeden Fall war es für Daniel Niepoort nicht einfach herauszufinden, was er beruflich machen wollte. Eine Winzerlehre war naheliegend. Er war oft mit seinem Vater im Douro unterwegs gewesen, und er hatte dessen Leidenschaft für Wein früh vermittelt bekommen. Doch obwohl nie Druck auf ihn ausgeübt worden war, trug er lange eine Frage mit sich herum: »Würde ich das nur für meinen Vater tun oder wirklich für mich?«

Als er sich endlich zu einem Entscheid durchgerungen hatte und ihn dem Vater eröffnete, reagierte dieser zunächst gar nicht. Sie waren im Auto unterwegs nach Frankreich, und sein Vater schwieg einfach.

Nach einer Weile fragte Daniel Niepoort: »Papi, hast du gehört? Ich will Winzer werden. W I N Z E R! Verstehst du?«

Der Vater sagte nur: »Daniel, ich werde dir nicht helfen.«

Darauf Daniel Niepoort: »Bist du denn nicht glücklich?«

Der Vater wiederholte nochmals, dass er ihm nicht helfen werde.

»Irgendwann fing ich an zu weinen. Dass er so abweisend reagieren würde, hatte ich ja nun wirklich nicht erwartet.« Und erst da, nach seinen Tränen, habe sein Vater Emotionen gezeigt und gesagt: »Daniel, ich bin der glücklichste Vater der Welt, aber ich darf es dir nicht zeigen.«

Er wisse nicht, sagt Daniel Niepoort, ob er diesen Satz damals verstanden habe. Er wisse nur, dass er ihn niemals vergessen werde.

Dirk Niepoort freute sich auf jeden Fall, als er erfuhr, dass sein Erstgeborener sein Metier erlernen wollte. Und drei Jahre später freute er sich nochmals, als auch der zweite Sohn diesen Weg einschlug: »Denn mit Wein zu arbeiten ist ja wirklich etwas Schönes.«

Er wollte Daniel allerdings klarmachen, dass er sich nicht darauf verlassen durfte, bei Niepoort Vinhos ein sicheres Unterkommen zu haben. Er wollte, dass er sich bewusst wird, dass er nicht alleine ist. Daniel hat zwei Geschwister, und außerdem hat Dirk Niepoort eine Schwester, die ebenfalls zwei Kinder hat. Es sind also fünf Personen, die eines Tages klären müssen, wie sie sich organisieren und das Unternehmen untereinander aufteilen wollen. In seiner Generation ist er der Hauptverantwortliche für die Entscheidungen, die gefällt werden, aber seine Schwester will mitreden. Schon zu zweit ist es nicht einfach, sich einigen zu können. Zu fünft wird diese Aufgabe nicht leichter.

Auch darum wollte Dirk Niepoort ganz sicher sein, dass Daniel wirklich das tut, was er tun will. Er wünschte sich keinen Sohn, der sich als Erfüllungsgehilfe von vermeintlich väterlichen Erwartungen zu etwas zwinge, was nicht seins ist. Daraus entstehe nichts Gutes. »Du kannst, wenn du wirklich willst«, an diesen Satz glaubt Dirk Niepoort aufgrund eigener Erfahrung. Voraussetzung für die Bewahrheitung dieses Satzes sei allerdings, dass man wisse, was man wolle. Wie oft war er als Spinner verschrien worden, weil er neue Wege beschritt, sei es im Marketing, sei es in der Produktion, sei es, als er das Douro-Gebiet nicht nur als Portwein-Gegend, sondern auch als Anbaugebiet für trockenen Weiß- und Rotwein bekannt machen wollte. Starke Anfechtungen könne man nur mit starken Überzeugungen kontern, sagt er. Und deshalb also, um den Willen seines Sohnes zu prüfen und zu festigen, habe er ihn anfangs ganz bewusst weder moralisch bestärkt noch sonst unterstützt. Er habe ihm keine Türen geöffnet und keine Beziehungen spielen lassen. Er ließ ihn seine Lehrstellen alleine suchen.

So lernte Daniel Niepoort den Weinbau in der Schweiz. Manchmal habe er ihn dann aus Winterthur oder Maienfeld oder Tartegnin angerufen, etwa mit der Frage: »Papi, sag mal, würdest du einen Wein aus dem Jahr 2010 mit einem Etikett aus dem Jahr 2011 versehen, nur, weil du keine 2010-Etiketten mehr hast?« Und natürlich habe er da sagen müssen: »Nein, auf keinen Fall, das ist total unseriös.«

Aber Dirk Niepoort ist der Meinung, dass man aus Fehlern sowieso am meisten lerne und dass es in der Lehrzeit in erster Linie darum gehe, neue Wirklichkeiten kennenzulernen. »Und wenn er schon Schweizer ist, soll er doch bitte auch die typisch schweizerischen Tugenden verinnerlichen: Pünktlichkeit, Präzision, eine gewisse Bodenständigkeit. Und danach bringe ich ihm das gewisse Etwas bei.«

Dabei ist ihm bewusst, dass »es das Normale wäre, den Kindern gleich das Beste zu geben«. Er hält das jedoch für nutzlos. Zuerst müsse man die Grundlagen beherrschen. Weniges gründlich zu begreifen bringe einen tausendmal weiter als ein Haufen Halbwissen, auch menschlich: »Hätte ich Daniel von Anfang an zum besten Winzer der Welt geschickt, in die Domaine de la Romanée-Conti, dann hätte ich ihn verdorben. Dann wäre er womöglich einfach nur ein arroganter Angeber geworden.« Jetzt hingegen sei die Zeit reif dafür, und nächste Woche gehe er tatsächlich.

Der Sohn hat seine Bewährungsprobe offenbar bestanden, der Vater ist nun bereit, ihn beruflich unter seinen Schutz und Schirm zu nehmen. Doch der Weg dahin verlief nicht ohne Krisen.

Daniel Niepoort sagt, er sei nicht mit der Selbsteinschätzung aufgewachsen, der Mittelpunkt der Welt zu sein. Zwar ist er durchaus mit Aufmerksamkeit genährt worden. Dennoch hielt er zeitweise nicht viel auf sich. Dass bei ihm in der Schule Legasthenie festgestellt wurde, verunsicherte ihn zusätzlich. Kein Wunder, suchte er sich damals einen Freund aus, der ihn behandelte wie einen Diener.

Sein Vater wurde in jenen Jahren für ihn eine Art Sehnsuchtsgestalt, ein fernes Vorbild. Als dieser ihn kürzlich gefragt hatte, ob er ihm erklären könne, warum Anna, seine Halbschwester, sich sträube, Portugiesisch zu sprechen, konnte er das genau erklären: Weil diese Sprache mit Schmerz verbunden ist, mit dem Schmerz des Abschieds. Weil sie an den Vater erinnert, der meist anderswo ist als man selbst.

Aus dem fernen wurde später ein unerreichbares Vorbild. Die schwierigste Zeit mit seinem Vater war in seinem dritten Lehrjahr. Daniel Niepoort hatte sich entschieden, in dessen Fußstapfen zu treten, und er litt plötzlich unter der vermeintlichen Gewissheit, die seien viel zu groß für ihn. Er beobachtete seinen Vater jetzt mit scharfem Blick und wurde dabei kleiner und kleiner. Er beobachtete, wie dieser Wein degustierte und ihn mit klaren Worten zu bewerten wusste; wie er Vorträge hielt und die Zuschauer mit freundlicher Souveränität bannte; wie er mit Besuchern und seinen Mitarbeitern umging, so selbstverständlich, so ruhig, so sicher. Manchmal sprach er mit ihnen Englisch, dann wieder Portugiesisch, manchmal Spanisch oder Italienisch. Mit Daniels Westschweizer Lehrmeister sprach er Französisch, mit seiner eigenen Mutter Deutsch, mit Daniels Mutter Schweizerdeutsch, alles hatte er im Repertoire. Dazu steckte er voller Ideen und seine Antennen waren permanent auf Empfang. Ging man mit ihm zum Beispiel im südafrikanischen Stellenbosch in eine Buchhandlung, schaute er sich ein bisschen um, kam in ein lockeres Gespräch mit der Besitzerin des Ladens und saß wenige Augenblicke später im Haus gegenüber beim Mittagessen mit einer Cartoonistin, deren Arbeiten er gerade eben entdeckt hatte. Monate später konnte man das Ergebnis dieser Unterredung sehen: als Etikett zu Ubuntu, dem Niepoort-Rotwein zur Fußball-Weltmeisterschaft in Südafrika.

Sein Vater habe dann irgendwann bemerkt, dass es ihm nicht gut gehe, und er habe versucht, ihm Mut zuzusprechen: »Daniel, keiner erwartet, dass du die Firma übernimmst, wenn du das nicht magst.« Und: »Daniel, du hast alle Freiheiten und alle Zeit der Welt, dir zu überlegen, was du machen willst.« Und: »Daniel, als ich so alt war wie du, wusste ich nicht die Hälfte von dem, was du weißt.«

Und als sein Vater bemerkt habe, dass er ihn zu kopieren versuchte, habe er es noch mit Humor versucht: »Daniel, du wirst deinen eigenen Weg gehen müssen. Die Welt ist zu klein, um zwei Idioten wie mich ertragen zu können.«

Zu Selbstvertrauen hat Daniel Niepoort nicht wegen der tröstenden Worte seines Vaters gefunden, sondern wegen seiner eigenen Taten, und zwar, er gibt es nicht gerne zu: im Militärdienst. Man gab ihm dort die Verantwortung über eine achtköpfige Gruppe. Und siehe da, er war in der Lage, sie zu motivieren. Er bekam die schwierigsten und frechsten Soldaten zugeteilt, und er brachte es fertig, dass sie fünfzig Kilometer marschierten, einfach, weil er es ihnen befahl. Er hatte eine Unterredung mit einem sehr hohen Vorgesetzten, normalerweise dauerte die für Leute seines Rangs zehn Minuten. Bei ihm dauerte sie eineinhalb Stunden, weil er diesem Menschen ins Gesicht sagte, dass er nicht so werden wolle wie er. Dass unter Gebrüll und Demütigungen keiner gern gehorche, dass Respekt der bessere Weg sei, Menschen zu führen. Und er sagte auch, dass er das von seinem Vater gelernt habe.

Inzwischen ist er seinem einst fernen Vater so nahe gekommen, dass er auch Dinge an ihm sieht, die er nicht übernehmen möchte. Sein Vater sei zum Beispiel »ein bisschen ein Bürochaot«. Daniel Niepoort denkt zudem, dass sein Vater seiner Mutter vor der Heirat deutlich hätte sagen müssen, was sie an seiner Seite erwartete. Denn seine Mutter sei konservativ. Sie habe sich immer geordnete Verhältnisse gewünscht: Der Mann kommt nach Feierabend nach Hause, dann setzt man sich gemeinsam vor den Fernseher. Unregelmäßigkeiten hingegen bereiteten ihr Mühe. Doch genau dafür stehe sein Vater. Häufig sei er auf Reisen, zu Hause gebe es Einladungen, viele Gäste, mehrfach mit geschäftlichem Hintergrund, immer Bewegung. Ihm, Daniel, mache das nichts aus, im Gegenteil, er möge es, zu improvisieren.

Schwieriger zu akzeptieren waren für ihn die neuen Frauen an der Seite seines Vaters. Wenn seine Mutter einen neuen Freund hatte, dann habe er damit eigentlich nie Probleme gehabt, weil er gesehen habe, wie sie aufblühte. Beim Vater war es anders. Daniel mochte die Nachfolgerin seiner Mutter gar nicht. Er war damals etwa zehn Jahre alt und fand, sie kümmere sich auf völlig übertriebene Art um ihn, und als sie dann ihr eigenes Kind hatte, war er auf einmal Luft für sie, so nahm er das wahr. »Aber vielleicht war ich einfach nur eifersüchtig, weil ich und mein Bruder jetzt unseren Platz teilen mussten mit dieser Frau und diesem Kind.«

Bezüglich der aktuellen Freundin seines Vaters bemüht Daniel Niepoort sich um Ausgewogenheit: »Sie ist ein sehr netter Mensch. Wirklich. Manchmal ist sie fast überfreundlich. Wenn ich ihr helfe, die Garage aufzuräumen, dann höre ich immer wieder, was für ein toller Typ ich sei. Wenn ich ihr ein Glas Mandarinensaft bringe, bedankt sie sich tausendmal.« Für ihn, sagt er, sei das ein bisschen viel. Doch man werde bestimmt einen Weg finden miteinander. Man werde ja bald zusammenwohnen, und er rechne es ihr auf jeden Fall hoch an, dass sie dazu ihr Einverständnis gegeben habe.

Daniel sage, was er denkt, sagt Dirk Niepoort, ohne Scham und Kalkül. Er sei ehrlich, manchmal fast naiv, ein eigentlich ziemlich perfekter Mensch. Er gerät ins

Schwärmen, wenn er an die Geschichte denkt, in der sein Sohn einem Vorgesetzten beim Militär seine Führungsprinzipien erläuterte. Weil er keine Maske aufhabe, sei Daniel ohne Angst, jemand könne sie ihm abreißen. Und er sei ohne Zwang, einem falschen Bild von sich entsprechen zu müssen. Er sei fast zu gut für diese Welt. Das mache ihm nicht wirklich Sorgen, nur ein bisschen, er halte ihn für pfiffig und intelligent genug, seinen Weg zu finden.

»Überhaupt Intelligenz«, sagt Dirk Niepoort jetzt, »was ist das schon?« Sein Sohn war kein besonders guter Schüler. Er selber auch nicht und seine Eltern hätten ihn deswegen nicht mit Verachtung bestraft. »Sieh zu, dass du Sprachen lernst«, habe seine Mutter gesagt, »das wirst du immer brauchen können.« Sie hat ihn für seine Lehr- und Wanderjahre ins fremdsprachige Ausland geschickt, damit war das Thema für sie erledigt. Sie sei eine großartige Frau, sagt er und fährt fort: Intelligenz sei das eine, wie man sie nutze das andere. Und auf die Praxis komme es an. »Du musst nicht der Beste sein«, habe er zu Daniel immer gesagt, »aber du musst lernen, den Besten zu erkennen, um mit ihm zusammenzuarbeiten.«

Überhaupt müsse man lernen, seine Fähigkeiten richtig einzusetzen. Und das sei vielleicht das Schwierigste, weil man dafür nicht um ein Rendezvous mit sich selbst herumkomme. Daniel zum Beispiel habe eine große Sensibilität, er spüre, wenn einer etwas gegen ihn habe, bevor dieser es selbst merke. Eine Gabe, die einerseits zu einer guten Menschenkenntnis verhelfen und sehr förderlich sein möge, sowohl im Alltag als auch im Geschäftsleben, die andererseits jedoch dazu führen könne, dass man jede Regung auf sich selbst beziehe und sich so in einem permanenten Zustand der Kränkung befinde.

Wenn man Dirk Niepoort bittet, zu sagen, was die Grundlage seiner Beziehung zu Daniel sei, dann zögert er keine Sekunde: Vertrauen. Daniel habe ihm einerseits geholfen, Selbstvertrauen als Vater zu gewinnen. Denn kurz nach der Trennung von Daniels Mutter war er einmal für zwei Wochen mit ihm allein, und er glaube, das sei sehr wichtig gewesen, weil er da gemerkt habe, dass er ja ganz gut klarkomme mit Kindern beziehungsweise mit Daniel.

Andererseits vertraue er ihm: Einmal bekam er einen Telefonanruf, sein Sohn habe eine Scheibe zerschlagen. Dirk Niepoort redete daraufhin mit Daniel, dieser bestritt die Tat. Er glaubte ihm. »Was, du glaubst mir?«, habe Daniel ihn überrascht gefragt. »Ja, wenn du mir sagst, du hast es nicht getan, dann glaube ich dir«, habe er ihm geantwortet.

Und er hoffe, sagt Dirk Niepoort, dass Daniel auch ihm vertraue, dass er ihm die Sicherheit vermitteln könne, für ihn da zu sein. Sein eigener Vater habe ihn jeweils einfach ins kalte Wasser geworfen und sei dann weggegangen. Er habe wahrscheinlich hinter der Tür gestanden und ihn durch einen Spalt beobachtet. Er wäre bestimmt sofort herbeigerannt, wenn der Sohn am Ertrinken gewesen wäre. »Aber ich konnte nicht sicher sein, ich konnte es vermuten, hoffen, doch sicher war ich nicht.« Im Grunde habe ihn sein Vater mit in weißen Handschuhen verabreichten Ohrfeigen erzogen, so habe er das empfunden. »Das tat nicht weh, das waren gepolsterte Schläge oder ungeschickte Zärtlichkeiten, je nachdem, wie man es sehen wollte.« Auf jeden Fall wusste Dirk Niepoort nie, wo er stand, oder wie sein Vater zu ihm stand. Ob er ihm vertrauen konnte oder ob er ihn fallen lassen würde. Vielleicht war die Botschaft hinter dieser Art Erziehung, dass man nur sich selber trauen soll. Vielleicht glaubte sein Vater, so das Selbstvertrauen seines Sohnes zu stärken. Denn was immer er schaffte, er schaffte es ohne die Hilfe des Vaters.

Auch Dirk Niepoort will, dass sein Sohn es alleine schafft. Und tatsächlich war die für Daniel Niepoort vielleicht wichtigste Anerkennung sein ganz allein errungener Führungserfolg beim Militär. Dennoch suchte Dirk Niepoort in der Erziehung seiner Kinder einen anderen Weg als sein Vater. Er verlangt Eigenständigkeit, will aber zugleich fassbar sein. Er führt und leitet Daniel zwar durchaus an, doch an einer lockeren Leine.

»Ich weiß, dass ich meinem Vater vertrauen kann«, sagt Daniel Niepoort, »in jeder Lebenslage und besonders, wenn ich Mist gebaut habe.« Ein Lehrmeister in Australien wollte ihm einmal damit drohen, dass er seinem Vater erzähle, dass er sternhagelvoll gewesen war. Da hat Daniel Niepoort geantwortet: »Schon gut, aber mein Vater ist bereits informiert. Ich habe es ihm selbst gesagt.«

Mein Erster, mein Liebster, mein Tyrann

Für Rolf Wanner (52) ist seine Mutter bis heute die wichtigste Person in seinem Leben. Er hilft ihr viel, trotz ihrer spärlichen Dankbarkeit. Für Maria Wanner (74) war er ein ungewöhnlich süßer Sohn – bis er zwölf Jahre alt wurde und ihr die Hölle heißmachte. Seither tanzen die beiden einen Tango der Enttäuschungen.

Will man von Maria Wanner, der Mutter, wissen, was sie erzieherisch im Rückblick anders machen würde, schießt ihre Antwort raketenschnell hervor: »Alles!« Das wird dann, nach einer kurzen Minute des Bedenkens, relativiert: »So einiges.« Fragt man sie, ob sie ihren Ältesten mit Stolz betrachte, bleibt sie die Antwort lachend schuldig und zeigt damit ihre ausgeprägte Lust an desillusionierenden Akzenten.

Bittet man Rolf Wanner, den Sohn, nach Versäumnissen zu fahnden in der mütterlichen Anleitung zum Leben, fällt ihm so ganz spontan nichts ein. Und ja, stolz ist er auf seine Mutter, sicher. Er schätzt zum Beispiel »ihren gesunden Menschenverstand«. Und hegt keinen Zweifel, dass die Wertschätzung auf Gegenseitigkeit beruht, wie sonst würde seine Mutter ihm anvertrauen, was sie persönlich beschäftigt, aber auch die Geschäfte des Alltags. Rolf Wanner sagt, sie rufe ihn bestimmt zwei-, dreimal die Woche an, weil sie wissen wolle, ob die Haftpflicht schon bezahlt oder was zu tun sei, wenn der Boiler leckt.

Nicht erst seit dem Tod des Vaters besetzt er die Rolle des innerfamiliären Katastrophenhelfers. Kaum war er alt genug, schrieb er die Rechnungen, die eigentlich sein diesbezüglich pflichtvergessener Vater hätte schreiben sollen. Ohne Rolf säße seine Mutter auf einem 250 000-Euro-Haus auf Mallorca, das sie nie haben wollte und das ihr Budget ruiniert hätte. Doch nach einer sechsstündigen Gehirnwäsche durch zwei Immobilienmakler, denen ihr Mann als kraftvolles Echo Beistand leistete, unterschrieb sie – hungrig, durstig, nicht mehr ganz bei Trost – den Vertrag. Es brauchte Rolf Wanners Sachverstand im Verbund mit seiner Hartnäckigkeit, um die Folgen dieser Tat klein zu halten. Und wer, wenn nicht er, hätte die Idee verwirklichen können, einen Teil des Elternhauses an Dritte zu vermieten, jetzt, wo die mütterlichen Platzbedürfnisse geschrumpft waren?

Maria Wanner bestätigt die Bemühungen ihres Sohnes um ihr Wohl und das der Familie, und sie wünscht, dass die Dankbarkeit, die sie dafür empfindet, hier deutlich werden möge. Nicht nur hilft er, wo er kann, er bemühte und bemüht sich zudem nach Kräften, ihre Wünsche zu erfüllen. Ihr Mann wollte immer einmal Amerika sehen, der Sohn Rolf machte mit ihm eine zweiwöchige Reise bis hin zum Grand Canyon. Und nachdem er sein Studium beendet hatte, schenkte er seinen Eltern mit dem ersten selbst verdienten Geld einen Urlaub auf Mallorca.

Maria Wanner ist 74 Jahre alt, klein und beweglich wie Wasser, Rolf hingegen ist groß und robust wie ein Lastwagen. Wobei sein Verhalten sich umgekehrt proportional zu seinem Äußeren entwickelt habe, sagt sie. Er sei sanfter geworden. Zwar werden seine Hilfeleistungen bis heute von Gepolter begleitet, aber früher, als er noch schmaler gewesen sei, waren die Ausbrüche heftiger. Da habe sie seinen Besuch manchmal mit ängstlicher Spannung erwartet, er jagte durchs Haus, sie flatterte wie eine Hilfskraft hinterher, selbst seine zackig-schnellen Schritte begriff sie als Vorwurf; er steckte die benötigten Papiere ein, Steuererklärung, was auch immer, und wehe, es fehlte was.

Rolf Wanner sagt, ihm scheine, seine Dienste würden nicht angemessen geschätzt, und dass ihn das manchmal schmerze. Doch sucht er die Gründe dafür nicht in dem Lärm, der seine Handlungen begleitet, eher glaubt er, seine Mutter habe keinen Begriff vom Aufwand: »Sie weiß gar nicht, was da alles zu tun ist.«

Eine andere Erklärung findet er in der Rücksicht seiner Mutter auf seine Geschwister. Sie sei eine geborene Vermittlerin. Sie wolle ihn nicht zu sehr ins Licht rücken, weil das Schatten werfen würde auf seine Brüder. Rolf Wanner, der auf Leistung geeicht ist, kann diese Haltung zwar nachvollziehen, nicht aber billigen: »Ich handle, die anderen reden nur.«

Die Konkurrenz der Söhne, die um ihre Anerkennung buhlen, macht Maria Wanner traurig. Die Rolle der Schiedsrichterin, die ihr da zugetragen wird, ist ihr fremd. Sie ist in einer ländlichen Großfamilie aufgewachsen, der Vater streng und kalt, sie war nichts wert, als Mädchen schon gar nicht, das kriegte sie eingebläut, von morgens bis abends. Vielleicht habe sie sich deswegen, leider vergeblich, eine Tochter gewünscht, um dieses ihr zugefügte Unrecht wiedergutzumachen.

Als es ans Heiraten ging, wählte sie als Partner ein Gegenbild zu ihrem Vater. Tatsächlich mussten ihre Kinder nie vor dem Vater stehen, wie sie vor ihrem gestanden hatte, mit unruhigen Augen und zitternden Händen. Ihr Mann verwechselte Respekt nicht mit Angst und unterdrücktem Hass. Doch er forderte von seinen Kindern überhaupt nichts, war keine väterliche Autorität. Vielleicht sei sie darum zum zwar schwachen, aber doch wahrnehmbaren Herzen der Familie geworden, sagt sie.

Ihr Sohn Rolf hingegen entwickelte sich zum Taktgeber mit tyrannischen Zügen. Dabei war er ihr liebster Junge, vielleicht weil er ihr erster war. Maria Wanner betont seine Hilfsbereitschaft, seine Leichtigkeit, seine Spielfreude, sein Strahlen. »Bis zwölf war er ein super Kind und ein super Schüler«, sagt sie und fügt ein Beispiel an für seine Zugewandtheit: »Auf dem Schulweg stolperte er manchmal fast über seine Füße, so lange noch hat er mir nachgewunken.« Doch in der Pubertät entwickelte sich Rolf für seine

Mutter zum Albtraum. »Was es heißt, Kinder zu haben, weiß man erst, wenn sie in die Pubertät gekommen sind.«

Sie hatte eben ihren fünften Sohn geboren, kümmerte sich allein um Kinder, Haushalt und Garten und half ihrem Mann bei der Buchhaltung. Sie war am Anschlag, doch auf die Mithilfe ihres Ältesten konnte sie nicht mehr zählen. Im Gegenteil. Er bemühte sich, jeden Winkel ihrer Ohnmacht auszuleuchten, etwa indem er sich turmhoch neben ihr aufrichtete und sagte: »Andere Leute haben zwei Kinder. Die wissen halt, was sie tun.« Die Schule interessierte ihn kaum mehr. Wenn sie ihn aufforderte, die Hausaufgaben zu erledigen, fuhr er mit dem Fahrrad vor dem Fenster hin und her, das sie gerade putzte, und winkte aufreizend.

Mehr noch als sie war der Vater Opfer seines Aufbegehrens. Der hatte nie viel geredet. Jetzt, wo ihn sein Sohn mit bösen Worten herauszufordern versuchte, schloss er sich erst recht in seinem Schweigen ein. Was dem Sohn, der schmähen, stampfen, wüten musste, um sich selber zu spüren, die väterliche Schwerfälligkeit bestätigte. Er fühlte sich angestachelt, von neuem loszutreten, gereizt von der Wehrlosigkeit seines Erzeugers, der weiterhin ungerührt Halt in Tätigkeiten suchte, die sich dem Sohn als Gipfel des Leerlaufs darstellten: Den Sack mit den alten Weihnachtskugeln, die der Vater in unendlicher Geduld mit Kupferdrähten versah, zerstampfte der Sohn vor seinen Augen. Oder der Rasenmäher, den der Vater aus dem Motor einer kaputten Waschmaschine gebastelt hatte; er war zwar nicht praktisch und sehr laut, aber er funktionierte – bis er eines Tages verschwunden war. Rolf kannte keine Scheu, er bekannte sich gerne zu der Tat.

Maria Wanner konnte die Verständnislosigkeit, mit der Rolf seinem Vater begegnete, nachvollziehen. Sie sei manchmal selbst verzweifelt an der Weigerung ihres Mannes, Wichtiges von Unwichtigem zu unterscheiden. Doch die Verachtung, mit der ihr Sohn sich Luft verschaffte, ließ sie im Ausweglosen ankommen. »Er hätte ein starkes, vielleicht sogar herrisches Gegenüber gebraucht«, sagt Maria Wanner. Doch sie hatte nicht die Kraft, die von ihrem Sohn geforderten Grenzen zu setzen. Rolfs Geschwister versuchten zu vermitteln oder waren noch zu klein, um mehr zu begreifen als die atmosphärische Zerrüttung.

Maria Wanner sagt, damals sei ein Riss durch ihre Welt gegangen. Sie war zum Glauben hin erzogen worden, fürs Glück müsse man sich opfern. Wie selbstverständlich hatte sie ihr Leben darauf ausgerichtet, es in einem anderen aufgehen zu lassen. Gott im Himmel war ihr zu weit weg, aber seine Kinder waren ihr immer schon eine Verheißung. Beim Anblick eines Kinderwagens stieg in ihr eine Sehnsucht hoch, auch dann noch, als sie bereits mehrfache Mutter war. Angesichts ihres wild gewordenen Sohnes fühlte sie jetzt Bitterkeit dabei: »Ich hatte geglaubt, mit der Geduld und Liebe, die ich im Überschwang zu geben hatte, sei ich gewappnet gegen alle Übel«, sagt sie. Doch diese Überzeugung konnte sich nicht behaupten gegen die Überforderung Rolf.

Er legte einen hakenschlagenden Weg zurück, bis er in diesem gutbürgerlichen Quartier einer mittelgroßen Stadt ankam, wo eine ansehnliche Immobilie auf ihren Käufer wartete. In deren Wohnzimmer besinnt sich der 52-jährige Rolf Wanner jetzt seiner Jugend und ihren Verwicklungen mit seiner Gegenwart. Das Ledersofa, auf dem komfortabel vier Personen Platz haben, steht auf einem satt gewobenen Wollteppich in elegantem Beige. Im Kamin knistert ein Feuer und wirft Schatten auf die abstrakten Stillleben an den Wänden. Rolf Wanner sitzt in einem Ledersessel, dem man ansieht, dass er für die Ewigkeit gemacht wurde. Er hat vor sich ein bauchiges Glas Rotwein. Er würde gerne eine Zigarre rauchen, aber die versagt er sich, aus Rücksicht auf meine und seine Gesundheit.

Aufgewachsen sei er in einem überbevölkerten Haus, in dem sich sieben Personen ein Bad geteilt hätten. Jetzt hat er drei Badezimmer und vier Toiletten für sich allein. Und aufgewachsen sei er mit einem Vater, der selber in engen Verhältnissen groß geworden war, der keinen Wert auf seine äußere Erscheinung legte und dessen Eifer sich darauf richtete, der Kehrichtanlage ausrangierte Dinge zu entziehen und wiederzuverwenden. »Ein kaputter Fahrradreifen weckte eher seine Zuwendung als ein lachendes Kind«, sagt Rolf Wanner. Er habe sich vor seinen Freunden geschämt für seinen Vater, der weder Stolz kannte noch gesellschaftliche Bedeutung. »Statussymbolen konnte er nicht nachrennen, weil er gar nicht wusste, was das ist.«

Rolf Wanner begriff schon sehr früh, dass sein Vater kein Mensch war, auf den er sich stützen wollte, und er glaubte, dass auch seine Mutter unter der zuweilen grotesken Anspruchslosigkeit ihres Mannes litt. »Sie hat Besseres verdient«, habe er sich gesagt. Und er sieht in diesem Versprechen heute noch das Fundament für seinen Ehrgeiz. »Ich bin der Erstgeborene, also hatte ich Pflichten.«

Wenn Rolf Wanner an seine Pubertät denkt, erinnert er sich an seine damalige Aufsässigkeit. Deren erschütternde Wirkung auf seine harmoniebedürftige Mutter ist ihm keine angenehme Vorstellung. Aber lebendiger als die Rüpeleien ist ihm sein Wille gegenwärtig, seine Mutter stolz zu machen. »Es gab eine Zeit, da fühlte ich mich von ihr wie ferngesteuert«, sagt er. Er mochte Fußball, lernte jedoch, ihn zu verachten: »Weil meine Mutter sagte, Fußball sei was für die Primitiven.« Er schlug eine Militärkarriere ein: »Weil meine Mutter davon schwärmte. Vor Männern in Uniform zeigt sie Respekt.« Er studierte Ökonomie, obwohl das studierstubenhafte, blasse Leben seinem Naturell nicht entspricht: »Ich bin ja eigentlich ein Macher.« Er wollte schnellstmöglich auf eigenen Beinen stehen, sein eigenes Geld verdienen und in die Sphäre der Betuchteren eindringen: »Um meiner Mutter zu beweisen, dass ich anders bin als Vater.« Sogar in seinem absoluten Wunsch, sich von seinem Vater abzugrenzen, erkennt Rolf Wanner die mütterliche Eingabe: »Ich habe meinen Vater mit ihren Augen betrachtet.«

Offiziell wollte Maria Wanner ihre Kinder zu Zurückhaltung und Ehrlichkeit erziehen, »Reden ist Silber, Schweigen ist Gold« oder »Ein gutes Gewissen ist das beste Ruhekissen« waren Redewendungen, die sie oft hersagte. Tatsächlich angekommen waren bei Rolf ihre Träume von einem besseren Leben und die dafür als notwendig erachtete Abgrenzung gegen unten. Rolfs Brüder hätten sich zwar eher lustig gemacht über sie, wenn sie wieder einmal glaubte, das eigentliche Glück finde in Nachbars Garten mit dem akkurat geschnittenen Rasen statt, mit dem gestriegelten Hausherrn, der seiner Frau in den Mantel half und sie hin und wieder mit Rosen beglückte. »Die anderen vier fanden das alles hoffnungslos romantisch, Kleinbürgerkitsch, aber Rolf hat sich offenbar dieses Leben als Ziel gesetzt.«

Ihr Einfluss auf ihn ist ihr bewusst, weil er mal davon sprach, da war er längst erwachsen. Fußball, Militär, Studium, Status, seine Beispiele sind ihr vertraut. Dabei wäre sie ja schon ein paar Jahre später heilfroh gewesen, ihr Jüngster hätte wenigstens Fußball gespielt; eine militärische Laufbahn hält sie inzwischen für Zeitverschwendung und »Militärkopf« ist als Beleidigung in ihren Wortschatz eingegangen; und ja, Rolf wäre an einer Fachhochschule am richtigen Platz gewesen; und dass Geld allein nicht glücklich macht und Status leichter verfliegt als Staub, weiß ja eigentlich jedes Kind. Sie sei sich damals ihrer Maßgaben und deren Wirkung nicht wirklich bewusst gewesen, sagt Maria Wanner, und ohne Selbstschonung: »Umso schlimmer.«

Rolf Wanner würde seiner Mutter nie den Vorwurf machen, sie habe ihn als Vollstrecker ihrer Fantasien missbraucht. Das wäre in seinen Augen eine Geringschätzung der eigenen Entscheidungskraft.

Tatsächlich sind »Selbstverantwortung« und »Verantwortung übernehmen« verbale Wegweiser zu ihm. Seit Kindesbeinen sieht Rolf Wanner sich an das Gefühl gekettet, dass er die Verantwortung übernehmen und sich um alles selber kümmern muss, »weil sonst läuft ja nichts«. Dieses Gefühl suchte und fand so oft Bestätigung, dass es sich zur Gewissheit steigerte: Es bestimmte sein Verhalten zu Hause, wo Rolf Wanner sich an seines Vaters Stelle setzte und seine jüngeren Geschwister zurechtwies, wenn sie sich in seinen Augen der Mutter gegenüber nicht benahmen: »Es war ja sonst niemand da.« Es schwappte über auf sein Verhalten, im Sport: Hemmungslos konnte er Spielern seiner eigenen Mannschaft den Ball wegnehmen, wenn er glaubte, ihre Dribbelei verhindere den Sieg; gab es einen Elfmeter, schoss selbstverständlich er ihn.

Bis zum heutigen Tag dominiert dieses Gefühl sein Auftreten, auch gegenüber Frauen: »Ich habe immer den Eindruck, wenn ich nichts biete, ist tote Hose.« So witzle und glitzere er, mache Komplimente oder spare an Komplimenten, je nachdem, was ihm atmosphärisch gerade passend erscheine. Bei lustigen Darbietungen Dritter lacht und klatscht er üppig Beifall, kommt eine Konversation ins Stocken, sorgt er für neuen Fluss, indem er das Leben seines Gegenübers befragt, rauf und runter. Er bietet einen weitläufigen Service bei geselligen Zusammenkünften. Danach ist er erschöpft.

Rolf Wanner wollte immer eine Familie. »Das ist für mich Lebenssinn«, sagt er, und gleichzeitig: »Eigentlich bin ich sehr gerne allein.« Und: »Ich habe noch keine Frau zurückgehalten, wenn sie sich von mir trennen wollte.« Und fast stolz: »Nie habe ich um eine Frau gekämpft. Das wäre mir gar nicht möglich.« Warum nicht? »Weil ich dann einen Korb bekommen könnte.« Er habe Niederlagen erleben müssen, und er fürchte sie. »Ich will kein Verlierer sein. Mein Vater war in meinen Augen ein Verlierer.« Er hält das Risiko minimal. Sich nicht unnötig in entmutigende Situationen zu begeben scheint ihm klug, nicht kleinmütig.

Trotzdem unternimmt er einiges, um das »Familienziel«, wie er es nennt, doch noch zu erreichen. Er trifft regelmäßig Frauen, die er manchmal im Internet kennenlernt. Am Anfang bringt Rolf Wanner sich immer voller Elan ein. Er biete auch Kindern, sollten die Frauen welche mitbringen, ein ausgeklügeltes und auf ihre Bedürfnisse abgestimmtes Programm. Meistens komme nicht zurück, was er als »Minimalstandard« erwarten würde, also spürbarer Enthusiasmus, leuchtende Augen, Dankbarkeit. Oder es frappieren ihn Einzelheiten, wie etwa mangelhafte Orthografie. Dann erlahmt er schnell, hakt den Fall ab und rüstet sich für die nächste Begegnung.

In all den Jahren blieb die Mutter die größte menschliche Konstante in seinem Leben. Er sagt: »Sie ist die wichtigste Person für mich. Weil ich mich für sie verantwortlich fühle.«

Maria Wanner hörte Rolf einmal sagen, er habe schon viele Frauen gehabt. Solche Aussagen beeindrucken sie nicht, sie schockieren sie. Ihr Mann konnte sich nicht ernsthaft einlassen auf seine Nächsten, Rolf kann oder will es offensichtlich auch nicht.

Sie möchte ihren Sohn mit Hilfe eines Bibelzitats charakterisieren: »Der Geist ist willig, aber das Fleisch ist schwach.« Sie meint damit, dass Rolf sich vielleicht manchmal überschätze oder gar verkenne. Für ein schnell erreichbares, konkretes Ziel bringe er eine unfassbare Energie und Ausdauer auf, doch langfristig fehle ihm Härte gegen sich selbst. Im Grunde habe er bis heute nicht verwunden, dass die Talente, die ihm in der Kindheit Tür und Tor öffneten, das nicht auch in seinem weiteren Leben taten.

Und Himmel, sagt sie und schlägt lautlos die Hände zusammen, er habe ja doch die eine oder andere Niederlage einstecken müssen. Schöne Erfolge, ja, aber auch Enttäuschungen. Sie sieht sich noch heute, in ihrem besten Kleid und mit vor Freude heißen Wangen, wie sie mit ihrem Mann in die Aula einmarschierte zur Maturfeier ihres ältesten Sohnes und wie der sie dann gestenreich zu sich pfiff: Heute werde leider nichts aus der Feier, es sei etwas dazwischengekommen. Wie ein geschlagener Hund habe sie sich durch die nächsten Tage bewegt. Doch dann hat Rolf sie überrascht und ihr gezeigt, wie schnell er zum Angriff übergehen kann. Als zwanzigjähriger, von der Leichtathletik gestählter, schulfauler Lümmel habe er die Courage aufgebracht, der Schulleitung einen zehnseitigen, handgeschriebenen Jammerbrief zu schicken. Wie hart er neben der Schule habe arbeiten müssen, Nachhilfestunden da und Holzhacken dort, dass er auch den Eltern immer zur Hand gegangen sei, von zu Hause gar keine Unterstützung erhalten habe und so weiter. »Nun«, sagt Maria Wanner lachend, »er hat den richtigen Ton getroffen. Er hats geschafft und die Matur gekriegt. Er ist damit durchgekommen, auf unsere Kosten sozusagen.«

Sie weiß bis heute nicht – und hat Rolf auch nie danach gefragt –, ob er selber glaubte, was er damals schrieb. Maria Wanner sagt, sie habe immer gedacht, Selbsttäuschung sei die hartnäckigste aller Täuschungen. Bei ihr sei das so, doch wie es bei ihrem Sohn aussehe, darüber könne sie nur spekulieren. Sie habe den Eindruck, er habe eine große Gabe, sich die Dinge nach seinem Geschmack und zu seinen Gunsten zurechtzulegen. Das sei bestimmt oft hilfreich, aber sie wisse nicht, wie bequem er wirklich liege in seinem hart erarbeiteten Bett.

Was sie hingegen wisse, sei, dass Rolfs Vater Nacht für Nacht zufrieden eingeschlafen sei: »Er hat nie Beifall gesucht. Das ist vielleicht der größte Unterschied zwischen den beiden.«

Rolf Wanner erinnert sich ganz anders an die Geschichte um seine Matur. Das sei kein Jammerbrief gewesen, der ihm damals zum Erfolg verholfen habe. Hauptsächlich habe er gegen den Physiklehrer argumentiert, der nicht akzeptieren wollte, dass einer seiner Schüler neben der Maturvorbereitung so viel Leichtathletik machte, und ihm deshalb eine Schulnote verpasst habe, mit der er die Abschlussprüfung unmöglich bestehen konnte. »Es war Mobbing, ganz klar.« Das habe er aufgezeigt, offenbar überzeugend.

Er erlebte seinen Einspruch als Sieg, der sein Selbstvertrauen stärkte. Zumal er sich zunächst die Hilfe eines Anwalts geholt hatte, der ihn jedoch nicht überzeugte. Also habe er das Heft selbst in die Hand genommen, und siehe da: »Ich war zwanzig und habe einen Doktor der Jurisprudenz auf seinem Gebiet geschlagen.« Rolf Wanner erinnert sich gern an diese Geschichte. »Ich habe es allen gezeigt!« Das sei sein Gefühl damals gewesen.

Und er sagt, dass er tief schlafe und schöne Träume habe.

Die Namen in diesem Text wurden geändert.

Wir spinnen alle in unserer Familie

Heute lebt sie selber als Künstlerin. Als Kind aber litt Una Szeemann (38) schwer darunter, dass bei ihr zu Hause alles anders war als anderswo. Anders war zum Glück auch die grenzenlose Liebe ihrer Mutter, der Künstlerin Ingeborg Lüscher (77).

Ein einziges Mal nur wollte Ingeborg Lüscher Mutter werden, das jedoch unbedingt. Als sie 1972 auf der fünften Kasseler Documenta den Ausstellungsmacher Harald Szeemann kennenlernte, war sie sicher, dass er der richtige Vater wäre für ihre Tochter. Es würde eine Tochter werden, auch da war sie sich sicher. Drei Jahre vergingen, und Una Alja war geboren.

Ingeborg Lüscher trägt ein bodenlanges schwarzes Kleid und eine silbern glitzernde Strickjacke, die wie eine Rüstung an ihr hängt. »Ein Weihnachtsgeschenk von Una«, sagt sie. Sie selber habe die Jacke zunächst für ein bisschen sehr exzentrisch gehalten, »aber Una sagte nur, ›die passt doch perfekt zu dir, Mammilein‹«. Wenn Ingeborg Lüscher von ihrer Tochter erzählt, dann meist in Form von Anekdoten, die für das Allgemeine stehen sollen. Und sie nimmt sich dafür viel Zeit, obwohl sie sehr beschäftigt ist mit Ausstellungen in Hamburg, Berlin, Bremen, Augsburg, Cambridge. Denn die Beziehung zu Una ist ihr wichtig.

Wir sitzen am selbst gebauten Kupfertisch in ihrem eleganten Haus. Der Blick geht durch bodenlange Fenster hinaus auf einen üppigen Tessiner Garten, Palmen erinnern daran, dass hier der Süden anfängt. Vor Ingeborg Lüscher liegt ein gelbes Buch im A4-Format. Das Gelbe Buch. In den ersten Jahren hielt sie darin all die großen und kleinen Geschichten fest, die sie mit Una erlebte. Gerade kürzlich hat sie wieder darin gelesen und sich daran erinnert, »wie ungebremst, fast übermütig« sie damals ihren immer runder werdenden Bauch durch die Welt und durch Tegna trug, dieses 700-Seelen-Dorf in der italienischsprachigen Schweiz, wo sie auch heute, mit 77 Jahren, noch wohnt.

»Ein wunderbarer Ort«, sagt sie und beschreibt die 23 Paare gehäkelter Babyfinken, die sie zur Geburt von den Frauen im Dorf geschenkt bekam. Una sei mit einer überwältigenden Feier in die Dorfgemeinschaft aufgenommen worden: »Es war ein Fest von solcher Freudigkeit, ein vollkommenes Fest.« Der Postbote sei im Smoking gekommen, seine Frau im Abendkleid, das bedruckt war mit riesigen Orchideen, und auch die anderen machten sich schön, mit Kittelschürzen, die sie im Supermarkt neu gekauft hatten.

Una war sieben Tage alt, als Ingeborg Lüscher zu einem Symposium nach Berlin eingeladen wurde. Sie erinnert sich noch genau, wie sie mit ihrem Mann Harald Szeemann am Frühstückstisch saß und er sie fragte, warum sie glaube, da nicht teilnehmen zu können. »Richtig. Warum nicht. Warum eigentlich nicht? Die magischen Worte! Er hatte ja so recht. Ich wollte doch immer alles: Geliebte sein, Künstlerin sein und Mutter sein!« Also packte sie Una in eine Tragetasche und stieg mit ihr in den Zug. Völlig unproblematisch sei das gewesen, natürlich auch, weil sie das enorme Glück eines gesunden Kindes gehabt habe, das weder Angst vorm Einschlafen noch vorm Aufwachen hatte.

Nach dieser Erfahrung war Una immer dabei. Bei Einladungen, Ausstellungen, Vernissagen, auf Reisen: »Una gehörte einfach dazu.« Und Ingeborg Lüscher fühlte sich nie hin- und hergerissen zwischen der Arbeit als Künstlerin und dem Muttersein. Als ihre Tochter zwei Jahre alt war, fand sie eine Tagesmutter. Von da an sei sie jeden Tag nach dem Mittagsschlaf bis sieben Uhr abends bei Dady gewesen, sagt Ingeborg Lüscher, »und Dady war ein wunderbares Wesen, einfach perfekt, liebevoll und nicht ängstlich«. Mit ihrer Hilfe habe sie den Umstand, eine Tochter zu haben, nie als Einschränkung empfunden, sagt sie, im Gegenteil: »Da ich dieses Kind ja so wahnsinnig liebte, bedeutete es eine absolute Steigerung meines Lebensgefühls.«

Ingeborg Lüscher trinkt ihren Kaffee. In ihrer Erinnerung sind sie und alle, die mit ihr verbunden sind, mit Glück überhäuft. Sie wünscht sich, dass jeder glänzt, und ihr Wunsch geht in Erfüllung. Wie durch Zauber verwandelt sich in ihrer Wahrnehmung das Schöne in Großes, und Hässliches wird zum Verschwinden klein oder halt einfach speziell.

So weiß sie zwar, dass diese »Uralt-Mutter«, »diese Künstlerin« die Dorfbewohner anfangs stark befremdete. Aber ebenso erinnert sie sich, wie sie in ihren leuchtenden Hippie-Gewändern »wie ein extraterrestrischer Schmetterling angeflogen kam« und von den Menschen ins Herz geschlossen wurde. Und sie erinnert sich auch an dieses Mädchen, dem es im Kindergarten verboten war, mit Una zu spielen, weil seine Eltern den Umgang mit einem Kind von Unverheirateten für schädlich hielten. Aber das war die absolute Ausnahme, sagt Ingeborg Lüscher. »Sonst war Una voll integriert.«

»Wir waren die atypischste Familie im ganzen Tessin«, sagt Una Szeemann und lächelt freundlich aus einem Gesicht, dessen untere Partie eher an ihre Mutter erinnert, wie sie sagt, und die obere an den Vater. Sie hat sich nach längeren Aufenthalten in New York, Los Angeles, Rom, Berlin gerade neu in Zürich eingerichtet und bewegt ihre langen Jeansbeine, ihre langen, flachsblonden Haare und ihre schönen, blauen Augen lässig durch die neuen Räume, in denen wohnliche Klarheit herrscht, wenige Möbel, weiße, bilderlose Wände.

Atypisch war zum Beispiel, dass ihre Mutter so alt war wie die Großmütter ihrer Schulkameraden. Als Mädchen war ihr das peinlich. Sie reagierte darauf, indem sie ihrer Mutter das Versprechen abnahm, sich immer die Haare zu färben. Doch ihre Mutter fiel auch auf durch ihre bunten, weiten, wallenden Kleider. »Deine Mutter ist eine Zigeunerin«, hänselten sie die anderen Kinder. Das war als Kränkung gemeint und wurde von Una genauso verstanden, die gut gemeinten Worte der Mutter, eine Zigeunerin sei doch etwas Tolles, trösteten sie nicht. Una selber wurde als Hexe beschimpft: »Uno, due, tre, Una strega! Uno, due, tre, Una strega!«, riefen die Kinder ihr nach, so lange, bis sie sich einen neuen Namen zulegte: »Sarah, ein 08/15-Name, aber mit einem h am Ende, ein bisschen besonders sollte es schon sein.«

Heute findet Una Szeemann, dass sie in eine auserwählte Familie hineingeboren worden ist. Doch als Mädchen hätte sie niemals fremde Kinder zu sich nach Hause eingeladen, so anders sah es bei ihr aus. Sie schämte sich, weil an ihren Wänden Bilder hingen und sich am Boden die Bücher stapelten, weil ihre Mutter als einzige all der Mütter arbeitete, weil sie viele Gäste hatten, auch komische Vögel wie diesen Obdachlosen Laurence Pfautz, dessen Kleider nach Urin rochen, obwohl er stundenlang bei ihnen duschte, und über den ihre Mutter ein Buch schrieb.

Sonntage gab es bei ihnen zu Hause nicht. Die Vorstellung, zusammen mit ihren Eltern Ski zu fahren oder einen Waldspaziergang zu machen, wie es in anderen Familien Brauch war, schien ihr utopisch. Ihre Eltern hatten sich der Kunst verschrieben, die nahm ihre Zeit in Anspruch. Una Szeemann hat ihre Kindheit weniger auf Spielplätzen verbracht und mehr auf Vernissagen, und sie langweilte sich da manchmal sehr: »Diese Flut von Menschen, die mit meinen Eltern reden wollten.« Bei Einladungen war sie oft das einzige Kind, sie war das süße, blonde Zwerglein, das in einer Ecke saß und zeichnete. Manchmal schlief sie unter dem Tisch ein. Zum Rahmenprogramm gehörte meist auch Alkohol. Sie sieht sich heute noch, wie sie in Apulien auf dieser Treppe sitzt, der Vollmond scheint, und sie beschwört den Himmel, dass die Erwachsenen sich doch bitte, bitte nicht betrinken mögen.

Der für ein Kind nicht immer optimale elterliche Lebensstil sei aufgewogen worden durch einen Horizont, der weit war und Reisen einschloss, zum Beispiel durch Schottland und England, auf den Spuren alter Kirchen, die ihr Vater für seine Arbeit zu besichtigen hatte. Viele Kirchen hat sie da gesehen, »ganz toll«, und den Blick für Nuancen geschärft. Jede Ausstellung, deren Aufbau sie verfolgte, zündete Funken. Ganz beiläufig und ohne Anstrengung habe sie eine Schule des Sehens durchlaufen, sagt Una Szeemann, all die Diskussionen, deren Zeuge sie war, wie man den Raum am besten komponiere, welches Bild mit welchem kommuniziere.

Sie erlebte das als Bereicherung, aber auch als Belastung. Diese Erfahrungen konnte sie mit keiner Mitschülerin teilen. Als Mädchen war sie stets bemüht, den Eindruck zu erwecken, bei ihr sei alles wie bei den anderen. Doch das Ungesagte entfaltete trotzdem seine Macht und entfremdete sie den Kindern im Dorf. »Mit meinem Hintergrund war es sehr schwer für mich, Freundschaften zu schließen«, sagt Una Szeemann. Ihr Leben und ihre Art waren in den Augen der anderen nicht normal.

Mit sechs Jahren kam sie in eine von Nonnen geführte Schule, die den Vorteil bot, dass die Kinder auch fürs Mittagessen bleiben konnten. Diese Nonnen bestätigten Unas Gefühl, außerhalb der Norm zu liegen. Sie war dort »das Mädchen ohne Eltern«. Denn wer unverheiratete Eltern hatte, hatte keine Eltern, so die klösterliche Logik. Als Tochter einer Krauti, also einer Deutschen, und eines Zucchini, also eines Deutschschweizers, galt sie in den

Mauern dieser Schule als Ausländerin, ihr deutscher Akzent wurde gerügt, obwohl sie die italienische Sprache ab dem Alter von zwei Jahren von ihrer Kinderfrau Dady gelernt hatte, und Dady kam aus der Umgebung. »Mein Italienisch sei das schlechteste, hieß es, noch schlechter als das der Türken.« Und weil Una wegen einer Entzündung ihre Kopfhaut mit einer Creme behandeln musste, war sie das Mädchen, das man nicht berühren durfte: »Fasst sie nicht an!«, rief die Nonne, die ihre Lehrerin war. »Fasst sie nicht an!«

Una Szeemann reagierte mit Härte, gegen sich selbst: »Ich zwang mich schon als Kind, mich zusammenzureißen. Ich ließ mir die Verletzungen nicht anmerken. Ein Feigling war ich nie.« Und sie versuchte, der Vereinzelung mit Anpassung zu begegnen, »und sei es nur, dass ich angefangen habe, so vulgär wie die anderen Kinder zu reden«. Es kostete sie Überwindung, das Wort »cazzo«, Schwanz, in den Mund zu nehmen, doch sie tat es.

Sie habe ihre Tessiner Schulzeit im Wesentlichen wohl einfach durchlitten, sagt Una Szeemann im Rückblick. Und dass es ein Glück sei, »dass man die Grausamkeiten, während sie einem zugefügt werden, nicht in ihrer ganzen Schärfe erkennt«.

Tegna war für die Tochter ein Ort des unfreiwilligen Ausscherens. Für die Mutter war es ein beinahe magischer Ort der Selbstentfaltung.

Ingeborg Lüscher erzählt, wie sie 1967 hierherkam, um Abstand zu gewinnen von ihrer Vergangenheit als Schauspielerin und von ihrer Ehe mit dem Schweizer Farbpsychologen Max Lüscher. Sie habe bis dahin das von ihr erwartbare Wohlverhalten mehr als erfüllt. Sie war erfolgreich als Schauspielerin, weil sie sich an die Vorgaben der Regisseure hielt. »Wo aber, fragte ich mich, ist das Eigene? Wo bin ich?« Tegna im Centovalli schien ihr ein guter Ort, um ihre Zukunft in die Hand zu nehmen. Hier stieß sie auf Armand Schulthess, der alleine im Wald lebte und alles ihm verfügbare Wissen auf Tausende kleiner Tafeln schrieb, die er an die Bäume hängte. Sie dokumentierte dieses Werk der Weltbemächtigung in *A. S. – Der größte Vogel kann nicht fliegen*. Das Buch passte in die damalige Zeit, die den Aussteiger mit Glamour versah. Sie wurde damit schlagartig bekannt und zur Documenta in Kassel eingeladen. »Und dann kam Harald Szeemann, und mit ihm dieses alles erschütternde Erlebnis des Liebens«, sagt sie, »und die Frucht dieser Liebe war eben Una.«

Sie war 39 Jahre alt, und in ihr war alles bereit, dieses Kind zu empfangen. Sie würde ein wunderbares Kind zur Welt bringen, da gab es für sie keine Zweifel. »Dieses Kind musste es sein, kein anderes.« Sie wollte kein Risiko eingehen und schlug alle Vorsorgeuntersuchungen aus. »Aus heutiger Sicht wäre das natürlich unverantwortlich.« Aber warum hätte sie all ihre Hoffnungen der Schulmedizin anvertrauen sollen? Sie überließ sich ebenso gern der Poesie, Magie, Spekulation, um sich und ihre Fantasie in Schwung zu halten.

Und weil das Leben und die Arbeit für sie untrennbar sind, diente ihr auch die Kunst, ihre mütterlichen Entdeckungen zu erfassen. Sie zitiert Loriot: »Heiterkeit ist ohne Ernst nicht zu begreifen.« Den Ernst lebe sie auf ihre Weise, wer ihre Werke kenne, könne viel darüber erfahren. Sie blättert in dem Ausstellungskatalog *Avant-Après*.

Sheer Prophecy – True Dreams, eine Arbeit aus den Jahren 1973 und 1974, in der sie die Weissagungen einer Kartenlegerin ihren eigenen Träumen gegenüberstellt. »Da, schauen Sie!« Die Wahrsagerin prophezeit ihr ein Kind. Und da einer ihrer Träume: »Ich sitze in einer großen blauen Blase mit einem blauen Kind auf dem Schoß und bin unglaublich glücklich.« Ingeborg Lüscher ist offen für den Stoff, aus dem die guten Träume sind.

Und so kam Una im April 1975 tatsächlich zur Welt, mit Kaiserschnitt: »Ich schloss die Augen und öffnete sie wieder und in meinen Armen lag ein wunderschönes Kind.« Ingeborg Lüscher sah ein Gesichtchen »wie mit dem Zirkel geschaffen, so harmonisch«. Und sie erzählt mit Hingabe, wie sie »dieses Wunder« betrachtete und ihr »das Herz ganz weit offen war vor Liebe« und wie ihre langen, lockigen, kastanienbraunen Haare über diesen winzigen Körper fielen. »Doch dem Kind war es unbehaglich, es drehte sich irgendwie aus meinen Haaren raus«, erinnert sie sich, und sie gab ihrer eben erst zur Welt gekommenen Tochter dieses Versprechen: »Ich will versuchen, immer auf dich zu hören. Und immer versuchen zu verstehen, was du möchtest. Du bist ein eigenständiges Wesen.« Und nochmals, mit so viel Elan wie Zärtlichkeit in der Stimme: »Du bist ein eigenes Wesen.«

Keine Frage, als Liebende kennt Ingeborg Lüscher nichts Fahriges. »Ich liebe absolut und unteilbar«, sagt sie. So entspricht es ihrem Temperament. Einen Mann zu einer Zeit. Ein Kind. Diese fraglose Liebe hat die Tochter bestimmt gestärkt während der harten Tessiner Jahre, auch wenn sie die Mutter vielleicht blind dafür gemacht hat, wie sehr Una damals kämpfte.

Zwar erinnert Ingeborg Lüscher sich daran, dass Una mit drei Jahren eine sehr ruppige Phase durchmachte, »als etwa ihr Patenonkel ihr über das blonde Köpfchen streicheln wollte, fuhr sie ihn an: ›Nimm deine dreckigen Hände weg. Meine Haare sind frisch gewaschen!‹«. Doch das sei wohl eine Reaktion der Tochter auf die Anspannung der Eltern gewesen, denn sie und Harald hätten damals, vor einer Ausstellung auf dem Monte Verità, während Monaten fast ununterbrochen und manchmal bis tief in die Nacht gearbeitet. »Una war zu jener Zeit oft auf sich gestellt.«

Aber sonst? Meiner Tochter geht es gut, dachte sie. Wie unglücklich sie bei den Nonnen war, begriff Ingeborg Lüscher erst, nachdem sie diese Schule verlassen hatte. Una litt als Kind häufig unter Bauchschmerzen. Hätte sie darin ein Symptom für seelischen Schmerz sehen müssen? Hätte sie auf die brutale Reaktion von Unas Lehrerin reagieren müssen? »Ihre Tochter hat Bauchschmerzen?«, so die Nonne. »Ach ja, ich hatte dieses Diplomatenkind, aus Basel. Das klagte auch immer über Bauchschmerzen. Das Kind ist inzwischen tot. Die Autopsie hat nichts ergeben.«

Doch Ingeborg Lüscher reagierte nicht. Denn sich bei der Oberin zu beklagen, das lag ihr nicht. Sie hoffte auf Einsicht nach dem Gespräch. Und zu Hause zeigte Una keine Blessuren. Da war kein Bruch festzustellen zwischen dem Kleinkind Una und Una, dem Schulkind. Im Gegenteil. Im Gelben Buch findet Ingeborg Lüscher viele Beispiele für ein waches, lustiges, erfindungsreiches, poetisches, liebevolles Mädchen. Sei es, dass Una ihr Kinderzimmer mit Toilettenpapier eingesponnen hat oder dass sie sich sichtbar freute, wenn sie andere zum Lachen bringen konnte. Oder weinend unter den Tisch kroch, wenn ihre Mutter über Harrys Scherze mehr lachte als über die ihren.

Jetzt drängen die Geschichten mit Macht aus Ingeborg Lüschers Erinnerung ins Hier und Jetzt unseres Gesprächs. Wie Una, »sonst eine hinreißende Tänzerin«, ein Theaterstück mit ihrem Cousin aufführte und dabei schlecht tanzte – absichtlich, wie sie hinterher erklärte, weil ihr Cousin so selten gelobt werde. Oder wie die Sechsjährige sie einmal um Hilfe bat, sie wolle ihr Bett verschieben, eine schwere Spanplatte auf Ziegelsteinen. Ingeborg Lüscher vertröstete ihre Tochter auf später. Als sie zurückkam, stand das Bett exakt an der Stelle, an der Una es haben wollte. Die Mutter konnte es kaum fassen. »Una«, sagte sie, »da hast du etwas ganz Schwieriges geschafft. Weißt du, warum? Weil dein Wunsch so stark war. Denk immer daran, dass du das geschafft hast, denk immer daran.«

Oder diese sehr vornehme Einladung, bei der am anderen Ende des Tisches ein alter Mann saß, der unheimlich röchelnde und pfeifende Geräusche von sich gab. Der Mann sei krank, sagte Ingeborg Lüscher leise zur damals zweijährigen Una. Da stand ihr Mädchen auf, ging auf den Mann zu, streckte ihm seine kleine Hand entgegen und sagte: »Ich heiße Una.« Die Geste gab Ingeborg Lüscher Vertrauen in ihre Tochter: »Ihr Mitgefühl war so groß, dass sie ihre Furcht überwinden konnte.« Und sie dachte bei sich: »Dieses Kind wird es richtig machen im Leben.« Warum hätte sie ahnen sollen, dass ihre wunderbare Tochter in der Schule unter täglichen Sticheleien leiden würde?

Una hatte nur einen Zug, den ihre Mutter bewusst ändern wollte: den Jähzorn. Una konnte sie mit Worten attackieren: »Du bist ja so verblödet«, »Du verstehst überhaupt nichts«, »Blöde Kuh, du«. Zwei Minuten später hörte sie sie in ihrem Zimmer fröhlich singen. Ihr aber gingen Unas in der Wut geäußerte Worte noch lange nach. Und so, sagt Ingeborg Lüscher, sei es zum für ihre Beziehung sehr wichtigen »Wasserpakt« gekommen: Sie standen gerade im Wasser, als Una wieder mal von einem ihrer Anfälle heimgesucht wurde. Da habe sie ihre Hand genommen und gesagt: »Du wirst es schaffen, Una! Wenn du merkst, es kommt wieder dieser Zorn hoch, dann denke an mich und erinnere dich, wie sehr es mir wehtut, dann kühlst du runter.« Das habe lange funktioniert. Als die Wutanfälle wieder zahlreicher geworden seien, hätten sie einen zweiten Pakt geschlossen, am Fenster diesmal, den »Fensterpakt« also. Mit Hilfe dieser zwei Pakte habe Una es geschafft, ihre Ausbrüche zu kontrollieren und ihrem Furor nicht mehr hilflos ausgeliefert zu sein.

Noch eine kurze, schwierige Phase mit Una fällt Ingeborg Lüscher ein. Sie musste wegen eines Rückenleidens von einem Tag auf den anderen für drei Monate ins Krankenhaus. Als sie wieder nach Hause kam, traf sie auf ein völlig verändertes, traumatisiertes Kind. Alles war mit Ärger verbunden, bis hin zum Zähneputzen. Tage später gingen sie gemeinsam an den Strand.

Una sagte zu ihr: »Wenn dein Kind jetzt das herzallerliebste Jesulein wäre, würdest du es dann mehr lieben als mich?«

»Nein«, antwortete da Ingeborg Lüscher, »ich werde dich immer am meisten lieben.«

Una: »Mama, ich habe gehofft, dass du das sagen würdest.«

Danach, sagt Ingeborg Lüscher, sei Una wieder die Alte gewesen. Und dass ihr genau diese zwei Dinge in der Erziehung wichtig gewesen seien: »Dass meine Tochter erfährt, was Liebe ist, und dass sie erfährt, was Mitgefühl ist.« Sie habe dies vorgelebt und sei ihrem Kind immer, in jeder Situation, mit Liebe und Verständnis begegnet. Das würde sie, bei allen Fehlern, die ihr bestimmt unterlaufen seien, vorbehaltlos wiederholen.

Una Szeemann erlebte die Hingabe ihrer Mutter als gegeben. »Ich bin, die ich bin, durch meine Mutter«, sagt sie heute zwar, doch dann spricht sie nicht von deren Liebe, sondern von sozial genährten Eigenschaften wie intellektueller Offenheit und Kreativität: »Das kam immer gut an. Auch bei meinem Vater. Man musste neugierig sein und originell. Mit kleinen Theateraufführungen und so.«

Dem Leben gewunden und gekrümmt wie eine Brezel zu begegnen war bei einer so hochgestimmten Mutter undenkbar. »Sie gab mir dieses Gefühl von Freiheit: Man kann alles versuchen«, sagt Una Szeemann und nennt Ingeborg Lüscher »eine Sonnengöttin«, die den Blickwinkel so weit wie nur möglich stelle und die ihr beigebracht habe, dass man sich immer wieder lösen müsse vom immer wieder nachwachsenden Korsett, in das man sich selber stecke. Ihre Mutter hat ihr auch beigebracht, wie man mit Fantasie und Magie Distanzen überwindet und Abwesenheit in Anwesenheit verwandelt: »Als sie nach Australien zur Biennale eingeladen war, war Telefonieren noch exorbitant teuer. Also telefonierten wir telepathisch. Jeden Abend um zehn Uhr meine Zeit legte ich mich aufs Bett und konzentrierte mich. Sie tat das Gleiche in Australien. So blieben wir in Kontakt.« Selbstverständlich habe auch ihre Mutter Ängste und Bedenken, aber mit ihrer Fröhlichkeit stecke sie Hindernisse schnell weg. Es liege in ihrer Natur, sich dem zuzuwenden, was verbindet. Währenddessen es in ihrer, also Una Szeemanns Natur liege, sich ebenso dem zuzuwenden, was trennt.

Mit Eifer tat sie das während der Pubertät. Una ließ die Schule schleifen, sie wurde ekelhaft, unordentlich, ließ die Pflanzen in ihrem Zimmer vertrocknen. Ihre Mutter blieb auch da ihrer liebevollen Art treu, sie habe in Gesprächen versucht, die Zonen zu erreichen, die in ihrem Inneren durcheinandergeraten seien.

Der Vater reagierte anders. Er sah, dass Una sich schminkte und sich selbst nicht forderte. Er hatte sie im Verdacht, oberflächlich und gewöhnlich zu sein, und gab ihr zu verstehen, dass er unzufrieden sei mit ihr. Seine Verachtung hielt er nicht zurück. Die Tochter erklärt sich die damalige Strenge ihres Vaters heute psychologisch: »Er war ein Mann mit sehr klaren Werten. Es war für ihn immer ein Problem, dass er seine erste Frau, mit der er zwei Kinder hatte, verlassen hat. So was macht man nicht. Er fühlte sich schuldig. Und ich war sozusagen das Produkt seines Fehlverhaltens. Das verzieh er mir lange nicht.«

Allerdings mutete sie ihm tatsächlich das eine oder andere zu. Als sie zum Beispiel einmal verliebt war, wollte sie das Haus nicht mehr verlassen – aus Sorge, einen Anruf des Angebeteten zu verpassen. Ihre Eltern organisierten gute Nachhilfelehrer, und dennoch war es unsicher, ob sie die Matur schaffen würde. Ein verständlicher Akt der Rebellion, findet Una Szeemann heute noch: »Dieses Schulsystem hat mich total angewidert. Die Lehrer waren miserabel. Viele wurden später entlassen.« Der Vater zeigte jedoch kein Verständnis. »Du machst die Matur«, sagte er und duldete keinen Widerspruch.

Beim Thema Schule gab es also Druck, doch im Nachhinein, sagt Una Szeemann, war das ein Glück. Wegen des drohenden Schulversagens schickten ihre Eltern sie nach England auf ein teures privates Internat. Und das war der Ort, wo sie zuerst ihre Balance wiederfand und dann sogar das Vertrauen in die Schule. Endlich wurde sie den verinnerlichten Zwang los, so sein zu wollen wie die anderen. »Das Internat in England war eine richtig schöne Zeit für mich. Da waren Jugendliche aus der ganzen Welt, und alle waren irgendwie speziell. Plötzlich war ich in einer Welt, in der es normal war, speziell zu sein.« Da habe sie erkannt, dass sich anzupassen oft heiße, der Angst nachzugeben. Auch der Unterricht machte ihr plötzlich Freude. »Die Lehrer dort wollten einem wirklich helfen. Hätte ich Kinder, ich würde sie in eine Privatschule geben.«

Von England brachte Una ein internationales Abitur mit Bestnoten nach Hause. »Ihr Zeugnis war so grandios, dass wir dachten, die sprechen nicht von unserer Tochter«, sagt Ingeborg Lüscher, doch der Vater habe nur trocken kommentiert, es sei Zeit geworden.

Da war die Mutter nicht zufrieden mit der Reaktion ihres Mannes. Denn in ihren Augen hatte Una schon am Tessiner Gymnasium nur wegen ihrer Brillanz versagt:

»Sie war so hübsch, fix und witzig und hatte so viel psychologisches Gespür, dass sie von vielen Freunden und Freundinnen konsultiert wurde, wenn es Probleme gab. Sie war eine Instanz und verbrachte Stunden am Telefon, statt zu lernen.« Jetzt aber hatte Una in England enorm gearbeitet und nicht zuletzt, um ihrem Vater ihre Intelligenz zu beweisen, das sollte von ihm anerkannt werden, fand Ingeborg Lüscher. Doch Harald, sagt sie, brauchte ein bisschen mehr Zeit, Anschauungsunterricht und Qualitätsargumente – ein paar Ausstellungen, die er zusammen mit Una aufbaute, dann das eine oder andere Stipendium, das sie gewann, zum Beispiel das renommierte Schindler-Stipendium in Los Angeles, und natürlich ihre Arbeiten als Künstlerin, vor allem Foto- und Videoarbeiten –, um endlich sehen zu können, was sie, Ingeborg Lüscher, ja schon lange sah, »welch besonderes Kaliber Una nämlich ist«.

Als ihr Vater 2005 starb, war Una Szeemann 29 Jahre alt, und es gebe nichts, was zwischen ihnen ungesagt geblieben sei. Sie hat sich nach seinem Tod weiterentwickelt, und er hat diese Entwicklung nicht mitverfolgen können, das stimmt sie traurig. Sie wüsste gern, was er von ihren neuen Arbeiten hält. Das Thema »Individuelle Mythologien«, das ihn beschäftigte, das auch ihre Mutter beschäftigt, beschäftigt auch sie zunehmend.

»Wir spinnen alle in unserer Familie«, sagt sie und zeigt damit, dass sie sich frei gemacht hat von vorgesetzten Werten. Sie hatte einen Vater, mit dem sie als Erwachsene ihr Denken und ihre Sicht auf die Welt teilen konnte, und sie hat eine Mutter, mit der das eine Bereicherung ist.

Die beiden bestätigen einander gegenseitig und nehmen sich als Kritikerinnen ernst. »Ich mag die Arbeit meiner Mutter sehr«, sagt Una Szeemann. Und ihrer Mutter habe noch nie etwas grundsätzlich missfallen, was sie gemacht habe. Die Tochter sieht in der Mutter keine Rivalin. »Konkurrenzgefühle kenne ich nicht. Ich freue mich immer, wenn meine Mutter Erfolg hat«, sagt sie, und sie weiß, dass auch ihre Mutter sich freut über ihre, Unas, Erfolge.

Trotzdem sei es nicht einfach, sich als Kind berühmter Eltern behaupten zu können. Sie kenne viele, die irgendwie verkorkst seien. Sich selbst zählt sie nicht dazu. Sie will sich nicht beklagen, das widerspräche ihrem Selbstbild. Lieber erzählt sie, dass sie früh schon die besonderen Qualitäten ihres Elternhauses zu sehen gelernt hatte. Dass zum Beispiel die Arbeitswut ihrer Eltern, für die sie als Tochter ja einen Preis zu bezahlen hatte, auch mit Leidenschaft und Freiheit zu tun haben könnte, das habe sie »spätestens mit sechs« begriffen, sagt sie, und von da an wollte sie Künstlerin werden.

Die Schwierigkeit mit berühmten Eltern sei nicht, dass sie sich in der Kunstwelt zum Beispiel Sätze wie »Ein Szeemann ist genug« anhören muss und sich wegen ihres Namens mehr durchzuboxen habe als andere. Auch dass sie nicht loskommt von ihren Eltern, hält sie für keine Besonderheit: »Das geht schließlich allen Kindern so.«

Nein, das wirklich Schwierige sei, dass man in einer solchen Umgebung schon ziemlich früh mit einem ziemlich guten Gefühl dafür ausgestattet sein müsse, wer man sei, und dass man sicher sein könne, es beweisen zu müssen, und dass man davor keine Angst haben dürfe. Mit anderen Worten: »Man braucht viel Charakter.«

Den bewies sie, als sie sich nach dem Abitur für eine Schauspielschule entschied – wie ihre Eltern. Oder als sie sich dem Schauspiel ab- und der Kunst zuwandte – wie ihre Mutter. An Warnungen von Freunden fehlte es nicht. »Die Tochter des weltweit berühmten Harald Szeemann – eine Künstlerin? Vergiss es. Da nimmt dich keiner ernst.« Doch sie wusste, dass sie sich nicht in den Fußstapfen ihrer Eltern bewegte, sondern auf ihrem eigenen Weg.

Natürlich hatte auch die Mutter Bedenken. »Es war eher Mitgefühl als Angst.« Die Kunstwelt sei so hart, was man da aushalten müsse, erst recht am Anfang, wenn man noch nicht wahrgenommen werde. Sie habe dann zu Una dasselbe gesagt, was ihre Mutter schon zu ihr gesagt habe: »Wenn du denkst, du musst das machen, dann mach es.«

Wenn Ingeborg Lüscher nach Gründen sucht, warum sie dieses Kind unbedingt wollte und warum sie ihm mit Vertrauen begegnen konnte, dann kommt sie auf ihre Berliner Kindheit zu sprechen. Sie erinnert sich an Nächte der nackten Angst im Bunker. Sie hatte Spielkameraden, die ihre Eltern bei einem Bombenangriff verloren. Sie sah zu, wie bei Kriegsende eines ihrer zwei Geschwister starb, weil seine Verbrennungen im Spital fahrlässig behandelt worden waren. »Zu jener Zeit galt ein Menschenleben nicht viel«, sagt sie.

In dieser traurigen Welt habe ihre Mutter für sie eine Gegenwelt erschaffen, die allein von der Liebe bestimmt gewesen sei. »Mein Sinn für das Mögliche ist von meiner Mutter geprägt, weil ich so eine tolle Beziehung zu ihr hatte.« Auch über ihren Vater hat sie nur Gutes zu berichten. Sehr freudig und weise sei er gewesen, und tatkräftig und liebevoll. Unter den Nazis und später in der DDR habe er Zivilcourage gezeigt und dafür einen hohen Preis bezahlt: Zuerst die Entlassung aus seinem Amt, dann die erzwungene Flucht aus Dresden, schließlich die Aberkennung seiner Habilitationsschrift. »Aber nie verlor er seine Fröhlichkeit und Zuversicht, nie ließ er zu, dass die Angst zur Richtschnur seines Handelns wurde«, sagt Ingeborg Lüscher, die damals noch Ingeborg Löffler hieß. »Das ist ein Maßstab, so ein Vater!«

Sie war ein geliebtes Kind, so sehr, dass bei ihr nie das Bedürfnis wach wurde, gegen ihre Eltern zu rebellieren, selbst dann nicht, als die gesellschaftliche Mode es verlangt hätte. Anders als fast alle Freunde und Bekannten sah sie ja keine Mängel an sich, für die sie ihre Eltern hätte verantwortlich machen können, im Gegenteil: Sie sah in ihnen einen Fundus, aus dem sie schöpfen konnte. Sie wollte sein wie sie. Und sie wollte eine Beziehung zu ihrer Tochter haben, wie sie eine zu ihrer Mutter hatte. »Eigentlich ist es so: Ich wollte Mutter werden, weil meine Mutter eine war.«

Diese jubelnden Worte zur Mutterschaft kann ihre Tochter nicht nachvollziehen. Sie ist heute im beinahe selben Alter wie ihre Mutter bei ihrer Geburt. Doch auf Una Szeemanns imaginärer Liste der nicht zu verfehlenden Abenteuer fehlt bisher ein Kind: »Weil ich das Magische der Liebe zu einem Kind nicht kenne.« Und was sie nicht kenne, könne sie auch nicht vermissen. Bei diesem Thema und der kühlen Gründlichkeit, mit der sie

Umstände und Wünsche abwägt, klafft eine Welt zwischen ihr und ihrer Mutter.

Und dennoch: Was wäre, wenn? Una Szeemann lässt sich gerne auf solche Gedankenspiele ein, nicht um einen Kinderwunsch zu stimulieren, sondern um nachzudenken. Als gewissenhafter Mensch würde sie wohl sehr viel Energie in dieses Kind investieren. Und natürlich würde sie nach ihren Tessiner Erfahrungen sehr viel Gewicht darauf legen, wo das Kind aufwächst. Es gehe ihr nicht um Wurzeln, »denn Wurzeln können etwas Erstickendes haben«, sondern darum, ein Gefühl der Zugehörigkeit zu ermöglichen, also um das, was ihr außerhalb des Elternhauses fehlte. Aber dann stellt sie mit Entschlossenheit fest: »Ich sehs einfach nicht mit meinem Job.« Die vielen Reisen, die vielen Vorbereitungen, die einhergehen mit einer Ausstellung. Sie müsste ihre Art zu leben aufgeben, das wolle sie nicht. Und, fügt sie an, die Zeiten hätten sich doch sehr geändert. Was in den Siebzigerjahren, als die Frauen sich als unterdrückte Klasse sahen und mit Leidenschaft dagegen ankämpften, drin lag – sich mit einem Baby an der Brust oder in den Armen zu zeigen und ernst genommen zu werden – ist in diesen professionalisierten Zeiten offenbar einiges schwieriger geworden. Heute kann eine Künstlerin wie Una Szeemann gleichzeitig in New York, Wien und Uri eine Ausstellung haben, aber das erfordert permanente Erreichbarkeit. »Wenn ich eine Mail nicht augenblicklich beantworte, kann es schnell mal passieren, dass mir das Flugticket nicht bezahlt wird.« Der Druck und die geforderte Flexibilität scheinen derart hoch, dass auch der Fortschritt, der in der institutionalisierten Fremdbetreuung à la Kita besteht, nicht wirklich weiterhelfen würde. Kind oder Kunst, lautet für Una Szeemann die Frage.

Ihre Mutter kennt die Widerstände ihrer Tochter und sagt: »Ich würde mich sehr darüber freuen, wenn Una ein Kind hätte. Aber es ist ihr Leben, ihre Entscheidung.«

Ob mit oder ohne Kind beziehungsweise Enkelkind, beide bestätigen ihren Zusammenhalt. Ingeborg Lüscher spricht von einer »idealen Beziehung«. Und Una Szeemann beschreibt das Verhältnis zu ihrer Mutter als das einer »wundervollen Nähe«. Die beiden telefonieren fast täglich. Sie beschäftigen sich mit ähnlichen Dingen. Una Szeemann unterhält jetzt mit Bohdan Stehlik eine ähnliche Liebes- und Arbeitsgemeinschaft wie ihre Mutter früher mit Harald Szeemann. Und so ist es wohl auch das Ergebnis dieser für beide maßgeschneiderten Beziehung, dass man Una Szeemann Glauben schenkt, wenn sie sagt: »Ich eifere meiner Mutter nicht nach.«

War er 75?

Als Jugendlicher hätte er ihn beinahe umgebracht. Heute kann Cord Riechelmann (53) nicht einmal mit Sicherheit sagen, wie alt sein Vater wurde. Er hat ihn als autoritären Charakter identifiziert und aus seinem Leben geworfen. Mit Erfolg, auch wenn der verbannte Vater einmal eine Art Phantomschmerz verursacht hatte.

Schon als Kind wich Cord Riechelmann seinem Vater aus, wann immer er konnte. Nach seinem Hochzeitsfest mit dreißig brach er den Kontakt vollends ab. Denn das Verhalten seines Vaters seinen anwesenden schwulen Freunden gegenüber war derart unmöglich gewesen, dass Cord Riechelmann bis heute die Erinnerung daran vermeidet. Als sein Vater starb, hatte er ihn zwanzig Jahre lang weder gehört noch gesehen. Nie hätte er gedacht, dass dessen Tod ihn derart aus der Bahn werfen könnte.

Ein toter Vater sei schlimmer als ein anwesender, schrieb Sigmund Freud. Cord Riechelmann kennt den Satz, sucht aber immer noch nach Erklärungen, warum er auch auf ihn zutrifft. »Keinesfalls habe ich Triumph, Erleichterung oder Gleichgültigkeit verspürt«, sagt er und bemüht sich weiter, der Wirkung, die der Tod seines Vaters auf ihn hatte, mit Worten beizukommen. Er horcht ihnen nach, als wolle er seine Gefühle im Reden aufheben. Er probiert es mit »Niedergeschlagenheit« im Unterschied zu »Depression«, depressiv sei er nicht gewesen, auch nicht arbeitsunfähig, gelähmt vielleicht. Ja, so könne man es sagen: »Ich bin in einen Zustand der Lähmung verfallen, und zwar für ein ganzes Jahr.«

Wie sich in der Rosine die Aromen der Traube konzentrieren, so konzentriert sich in der Reaktion auf den Tod von Vater und Mutter die Beziehung, die man zu ihnen hatte. Oft taucht in der komplexen Gefühlslage zudem der Wunsch auf, sich anders verhalten zu haben, oder das Bedauern, etwas verpasst zu haben. Cord Riechelmann schließt diese Möglichkeiten als Erklärung für seine »anhaltenden Trägheitsmomente« aus – ein weiterer Versuch, seine Stimmung nach dem Tod seines Vaters zu fassen. »Es war das bloße Faktum, dass dieses Wesen weg war. Als ob etwas aus mir rausgenommen worden wäre.« Eine Art Phantomschmerz? Er wiegt den Kopf hin und her: »Vielleicht.« Er versucht es mit einer psychophysischen Erklärung: »Auf die Gefahr hin, dass es mystisch klingt: Die immense Anwesenheit des Vaters in meinem Körper fiel plötzlich von mir ab.« Er verfügt auch über eine psychologisierende Lesart: »Ich konnte jetzt nichts mehr auf ihn abschieben.« Und eine ganz trockene: »Selbst wenn ich nie daran geglaubt habe, dass mein Vater sich je ändern würde, jetzt war das Urteil endgültig: Ich hatte einen Vater, und der war ein Arschloch.«

Cord Riechelmann ist 53 Jahre alt und lebt in Berlin direkt gegenüber dem Viktoriapark in einer Wohngemeinschaft, die sich vom Schneidersitz und der billigen Rotweinflasche längst verabschiedet hat. Man legt hier Wert auf Sauberkeit, Stil und Manieren. In seinem Zimmer gibt es einen Tisch, einen Stuhl, ein Bett und sehr viele Bücher. Er hat ein Studium der Philosophie und ein Studium der Biologie hinter sich und Reisen auf der ganzen Welt. Seinen Lebensunterhalt verdient er mit Lehraufträgen, Lesungen, Büchern, Reportagen. Er gehört heute zum feinsprachlichen, feinnervigen, weltoffenen Reich des großstädtischen Prekariats. Er hat einen weiten Weg zurückgelegt von dem niedersächsischen, kleinbürgerlichen Jäger- und Schlachterhaushalt, in den er hineingeboren wurde und in dem das Schweigen, die Schreie und die Schläge seines Vaters herrschten.

Manchmal staunt er, dass er überhaupt sprechen gelernt hat. In seiner Erinnerung war seine Kindheit sprachlos. Gedanken blieben schwer im Kopf hängen oder implodierten unter den Flüchen des Vaters. Cord Riechelmann kann sich an kein einziges Gespräch mit seinem Vater erinnern, in dem man etwas von sich gegeben oder sich ausgetauscht hätte. Weder als Kind noch als Jugendlicher noch als Erwachsener: »Mit meinem Vater konnte man nicht reden.« Sein Vater habe ihn nicht als ein Wesen mit Bedürfnissen, Eigenschaften, Wünschen und Ideen wahrgenommen, sondern einzig in den Kategorien Gehorsamkeit oder Ungehorsamkeit: »Wenn ich gehorchte, war ich für ihn berechenbar, also nicht des Nachdenkens wert. Wenn ich nicht gehorchte, prügelte er auf mich ein.« Er ging seinem Vater aus dem Weg. Zugleich, erinnert sich Cord Riechelmann, war er ein gewöhnlicher Junge, der die Bestätigung seines Vaters suchte: »Ich wollte, dass er mir seinen Segen erteilt, absolut.«

Doch sein Vater verteilte Prügel, Befehle und Drohungen. Und er teilte sich mit durch Gebrüll und Wutausbrüche. Seine Exzesse seien nicht einer Laune entsprungen, sondern einem Bedürfnis nach Kontrolle. »Mein Vater hat eine Stimmungsdiktatur ausgeübt, eine frohe, entspannte Atmosphäre ließ er nicht zu.« Sogar Feste mussten freudlose Veranstaltungen sein: »Ich habe später lange gebraucht, um Weihnachten feiern zu können.«

Von seiner Mutter war nicht zu erwarten, dass sie diesem Mann, der im Grunde das Leben verbot, etwas entgegensetzte. »Sie kam mir in diesem System aufgehoben vor.« Jedenfalls habe sie keine aktive Rolle gespielt, er habe nie erlebt, dass sie ihre Kinder verteidigt hätte: »Es mag hart klingen, doch sie war ein Neutrum.«

Das Haus, in dem er aufwuchs, war für Cord Riechelmann ein derart glücksfernes Terrain, dass es ihm jahrelang schwerfiel, sich an einem Ort einzurichten und wohlzufühlen: »Zu Hause sein, das war für mich nicht positiv besetzt.« Erst über seine Tochter habe er festgestellt, dass kleine Kinder immer gleiche, ihnen zugeordnete Räume brauchen und dass das etwas Schönes sein könne.

Mit 21 Jahren hatte Cord Riechelmann die Schule beendet und zog von zu Hause weg. Trotz des tyrannischen Vaters wäre es falsch, sein Leben bis dahin als ein einziges Angstblinzeln zu summieren. Es gab Lichtblicke. Unter dem gleichen Dach wohnten die Mutter des Vaters und dessen Schwester: »Und die waren, glaub ich, ganz okay.« Und da war sein zwei Jahre jüngerer Bruder, der zwar gefügiger war als er, mit dem er aber einen Leidensgenossen an seiner Seite hatte. Außerdem litt Cord Riechelmann bis zum Alter von zwölf Jahren unter Geburtsasthma, war überhaupt ein anfälliges und äußerst dünnes Kind, was zur Folge hatte, dass er jedes Jahr für sechs Wochen zu seinen Großeltern mütterlicherseits zur Kur fahren durfte, »und das waren sehr reizende Leute«.

Vor allem aber konnte sich Cord Riechelmann früh eine Welt schaffen, zu der die Eltern keinen Zugang hatten, »da habe ich wohl wirklich Glück gehabt«. Er verbrachte viel Zeit in ihrem großen Garten. Er sah, wie die Pflanzen wuchsen und verdorrten, er beobachtete die Elstern und die Spatzen, verfolgte die Spuren der Füchse, installierte einen Brutkasten für die Enten und sah die Jungen schlüpfen. »Ich bin von den Enten sozialisiert worden«, sagt er und lacht. Aber es ist ihm ernst. Denn als seine heute zwölfjährige Tochter geboren wurde, fürchtete er sich nicht vor Wiederholungszwängen. Er war frei von der Angst, er könne ein Vater werden wie seiner. Und das nicht nur, weil er offensichtlich ein anderer war, sondern auch, weil er während seines Biologiestudiums gute Lehrmeister für den Umgang mit Kleinkindern gehabt hatte: »Bei den Makaken kann man das Bindungsverhalten wunderbar studieren.«

Der Beschäftigung mit Tieren verdankt Cord Riechelmann viel: »Sie waren da, und ich konnte etwas mit ihnen anfangen. Sie haben mir Genugtuung gegeben. Das tun sie immer noch.« Sein Metzgervater tötete Tiere, er hingegen streichelt sie. Dennoch sei seine Neigung nie Ausdruck von Protest gegen den Vater gewesen, sondern organisch gewachsen. Die Verkäuferin, die in der Metzgerei seiner Eltern aushalf, habe zwar stets gesagt, dass er das anhänglichste Kind gewesen sei, das sie je gekannt habe: »Trotzdem bin ich der Meinung, dass ich die meisten Zärtlichkeiten von Tieren bekommen habe.«

Neben den Tieren rettete ihn auch die Schule. Sie holte ihn von zu Hause weg und erschloss ihm neue Welten. »Ich ging vom ersten Tag an gerne hin«, sagt Cord Riechelmann. Er war ein sehr guter Schüler. Und er war sehr gut im Fußball. Weil alle Schüler ihre Fußballer mögen, wurde er nur verprügelt, wenn die Lehrer ihn als Vorbild priesen: Wenn der Cord das kann, könnt ihr das genauso. Einmal wurde ihm das Hausaufgabenheft geklaut, damit er keine Hausaufgaben machen konnte. Dass er seine Mitschüler danach nicht verpfiff, brachte ihm Respekt ein. Er war kein Außenseiter, doch Freunde, mit denen er über das hätte reden können, was ihn wirklich interessierte, hatte er keine. Im fünften Grundschuljahr fing er an, Franz Kafka zu lesen, den liest er immer noch. Im Gymnasium übersetzte er Texte vom Lateinischen ins Deutsche. Er ließ sich vom Philosophen Immanuel Kant fordern. Wie hätte sein Vater ihn da korrigieren wollen. Er entwuchs ihm schlicht.

Als er fünfzehn Jahre alt war, kam es zu einem Zwischenfall. Sein Vater war dabei, seinen Bruder auszupeitschen. Er kam hinzu, sah eine Latte in der Ecke stehen, nahm sie und schlug sie seinem Vater über den Kopf. Die Latte zerbrach und es kamen Nägel zum Vorschein. »Das

Bild von dieser Latte mit den Nägeln verfolgt mich blöderweise bis heute«, sagt Cord Riechelmann. Was ihn an seinen Vater erinnert, mag er nicht. Aber es ist verständlich, dass dieses Bild ihn nicht loslässt. Hätte er die Latte zufällig umgekehrt gehalten, wäre seine Hilfe für den Bruder vielleicht tödlich ausgegangen für den Vater. Und er, Cord Riechelmann, wäre ein Vatermörder. Das war ein Schock, der allen in die Glieder fuhr, vor allem dem Vater. »Danach rührte er mich nie mehr an.«

Ihr Verhältnis veränderte sich von diesem Tag an komplett. Früher wartete er die Ausbrüche seines Vaters ab wie ein schreckliches Naturereignis und ging in Deckung. Jetzt leistete er Widerstand. Er weigerte sich, schießen zu lernen. Er weigerte sich, dem Vater beim Stellen der Fallen zu helfen, für deren Raffinesse er berühmt war in seinen Jägerkreisen. Er fuhr nicht mehr mit in den Familienurlaub. Und hätte sein Vater versucht, ihn zu schlagen, hätte er zurückgeschlagen. Der Bruch war da.

Sein Vater reagierte darauf keinesfalls mit Rückzug, im Gegenteil, er wurde noch roher und ungehemmter. »Jetzt war ich ein Problem für ihn.« Aber er schlug nicht mehr zu, damit war er für Cord Riechelmann nur noch ein tobender Irrer: »Er konnte nicht mehr bestimmen, wie ich mich selber sah.« Cord Riechelmann zog sich in sein inneres Exil zurück und verfolgte seine Interessen.

Da er sich in seinem Vater weder finden konnte noch suchen wollte, erarbeitete er sich ein Konzept von Wahlverwandtschaften. Vielleicht hat das auch die wissenschaftlichen Positionen bestimmt, die er als Biologe vertritt: »Ich habe eine Abneigung gegen Versuche, das Verhalten der Menschen allein aus ihren Genen zu erklären.« Er zitiert den Philosophen Gilles Deleuze: »Kein Mensch kann sagen, warum jemand ein guter Lateinschüler wird.« Cord Riechelmann sieht sich konstitutionell so weit von seinem Vater entfernt, dass er erschrickt, wenn er auf Fotos ihre Ähnlichkeit entdeckt.

Der Bitte, seinen Vater genauer zu charakterisieren, weicht er aus, indem er nicht von ihm als Individuum spricht, sondern vom Typus Mann, den er verkörpert. Er sagt zum Beispiel, sein Vater sei »ein deutscher Mann« gewesen. Das bedeutet, »dass die Selbstidentifizierung über ein nationales Ausschlusskriterium erfolgt«. Leute wie sein Vater hätten sich zum Beispiel an der Gewissheit gestärkt, dass Deutschland den Afrikafeldzug unter Rommel nur verloren habe, weil die Juden das Benzin ausgetauscht hätten. Das Empfinden, von der Welt betrogen worden zu sein, habe bei seinem Vater und seinen Freunden ein Gefühl der Zusammengehörigkeit entstehen lassen. Man habe ein gemeinsames Feindbild gehegt, das nie revidiert werden musste, weil es erdacht war; man habe sich darin bestätigen können, ohne dafür Verantwortung übernehmen zu müssen. Es sei diese »Ermächtigung des kleinen Mannes, sofern er Deutscher ist«, die aus dem Nationalsozialismus überlebt habe. »Und das hat dazu geführt, dass mein Vater auch noch in den Sechzigerjahren auf Zustimmung stieß mit Sätzen wie dem, dass niemand ins Konzentrationslager gekommen sei, der sich nichts habe zuschulden kommen lassen.«

Bittet man Cord Riechelmann, konkrete Ereignisse aus dem Leben seines Vaters zu beschreiben, erinnert er sich zum Beispiel daran, dass sein Vater mit der Flinte in die

Luft schoss, um Rocker zu vertreiben, die im Wald eine Party feierten. Und kaum hat er die Anekdote skizziert, ordnet er sie schon ein als »Gewalt, gepaart mit schlechtem Anarchismus«.

Sein Vater habe sich einen Sport daraus gemacht, andere Leute zu denunzieren. »Das konnte wegen einer im Wald angeblich umgestoßenen Verbotstafel sein. Mein Vater war bestimmt kein harmloser Mensch, er war ein autoritärer Charakter«, sagt Cord Riechelmann und zählt die dazugehörigen Merkmale auf: Ein autoritärer Charakter ducke gegen oben und trete gegen unten. Seine Unsicherheit tarne er mit Gewalt und seine Feigheit feiere er gegen außen als Tüchtigkeit. Cord Riechelmann klassifiziert seinen Vater, wie ein Biologe Tiere klassifiziert.

Bis heute reagiere er allergisch auf jeden autoritären Charakter, er übersehe keinen. Kürzlich traf er an der Universität als Dozent auf Studenten, für die er die Formel »Männer, die noch nicht fertig sind« aufstellte. »Eine neue, überraschende Spezies. Sie waren erwachsen, aber unsicher und schämten sich nicht dafür, sie machten keine sexistischen Witze, ihre Bewegungen waren fein und ohne Imponiergehabe.« Er war komplett begeistert. Da wächst ein Gegentyp zu seinem Vater heran.

Cord Riechelmann hat seinen Vater typisiert und als Vertreter einer hässlichen Art von Mensch abgeheftet. Ganz losgeworden ist er ihn dennoch nicht. Er ist indirekt präsent, wenn er seinen Bruder besucht. Der ist mit achtzehn Jahren schizophren geworden und lebt seither in einer Klinik. Cord Riechelmann ist überzeugt, dass ein warmes Elternhaus der Krankheit seines Bruders etwas hätte entgegensetzen können. Er ist sein Vormund. Von Zeit zu Zeit haut sein Bruder aus der Klinik ab. Er werde dann jeweils informiert und nehme das als gute Nachricht auf. »Er lehnt sich auf, ein Lebenszeichen.«

Auch wenn er seinen eigenen Erziehungsstil beobachtet, kann Cord Riechelmann nicht verleugnen, dass die eigene Erziehung Spuren hinterließ: »Ich bin leider total antiautoritär. Ich kann einem Kind nichts verbieten. Ich bin der Vater, von dem man alles haben kann, dem man alles sagen kann und der das auch noch gut findet.«

Noch einmal frage ich Cord Riechelmann, wer sein Vater für ihn gewesen sei. »Kann ich nicht sagen. Er ist seit 23 Jahren aus meinem Leben verschwunden.« Knapp weiß er, wann er geboren wurde. »Ich glaube, das war 1935.« Knapp weiß er, in welchem Alter er starb. »War er 75?« Am Ende litt sein Vater unter Demenz, das weiß er auch, doch erlebt hat er ihn nicht in diesem Zustand.

Er hat nie nach der traurigen Geschichte gesucht, die vermutlich hinter der Person seines Vaters steckt: »Ich hatte nie das Bedürfnis.« Er ist überzeugt, dass jede Annäherung gescheitert wäre: »Mit meinem Vater konnte man nicht reden.« Auch mit seiner Mutter hat er das Gespräch über ihn nicht gesucht: »Ich hatte nie das Bedürfnis.« Auf der Beerdigung seines Vaters wollten sich dessen Freunde mit ihm über den Verstorbenen unterhalten. Cord Riechelmann hörte zwar zu, aber nur pro forma. »Ich merkte, es kommt gar nicht bei mir an.« Er kann sich vorstellen, worum es in ihren Erzählungen ging: »Etwa darum, wie sie in Namibia ein Warzenschwein geschossen und danach so wunderbar am Lagerfeuer gesessen und über die Jagdgebräuche im neunzehnten Jahrhundert gesprochen hatten. Solche Geschichten mag ich nicht.«

Trennt euch rasch von meinen Kleidern

David Jaeggi wäre heute 26 Jahre alt, wenn er sich nicht vor drei Jahren umgebracht hätte. Dass er seinen Freitod minutiös geplant hatte, macht es für Pia Jaeggi (63) nicht einfacher, den Verlust ihres Sohnes auszuhalten. Zu ihrer Überlebensstrategie gehört, dass sie sich nicht versteckt.

Am frühen Morgen des 24. Juni 2010 verließ David das Haus, in dem sie ihn geboren hatte. Beim Säureturm der Zellstofffabrik Borregaard im schweizerischen Attisholz deponierte er sein Fahrrad und sein Portemonnaie, für Herankommende gut sichtbar. Um 3 Uhr 48 schrieb er eine SMS an eine Freundin: »Hey. Wollte dir nur noch sagen, dass du ein super Mensch bist. Bleib, wie du bist! Du hast mich immer aufgestellt.« Er rief die Polizei, denn seine Eltern sollten ihn so nicht finden müssen. Dann sprang er.

Auf seinem Kopfkissen fand Pia Jaeggis Mann elf Kuverts im A4-Format und die Bitte, sie an die jeweiligen

Adressaten zu verteilen. Letzte Worte ihres Sohnes an seine Freunde, seine Ex-Freundin, seine beiden Schwestern und an sie, die Eltern. »Liebes Mam«, las sie, »lieber Pap. Ich weiß nicht, wie es ist, eine Person zu verlieren, die aus dem eigenen Fleisch und Blut entstanden ist.« Und so weiter. Sie hatte keinen Zusammenbruch, hörte keinen eigenen Schrei. Sie konnte nicht schreien, nicht weinen. Sie stand unter Schock. Ihre älteste Tochter verständigte die Polizei. Die kam und machte ihre schlimmsten Befürchtungen wahr.

Ein paar Tage noch und David wäre 23 geworden. Ein doch schon gefestigtes Alter, findet Pia Jaeggi und darin Trost. Was, wenn er aus einem pubertär überhitzten Zwischenfall heraus gehandelt hätte? Der Gedanke, dass die Tat hätte verhindert werden können, wäre ein permanenter, peinigender Begleiter. Auch so ist er präsent. Sie muss damit leben, ihrem Sohn nicht nah genug gewesen zu sein. Niemand war es, nicht seine beiden Schwestern, nicht seine besten Freunde. Sie alle waren ihm nah, doch nicht nah genug. Niemand wusste, wie dünn der Faden war, an dem sein Leben hing. Er ließ es nicht zu. Hätte sie sich ihm aufdrängen müssen? Mehr Fragen stellen? Nur kann man mit Worten manchmal mehr zertreten als mit Füßen. Mit Schweigen allerdings auch. Sie hätte ihm mehr Fragen stellen müssen. Freundliche Fragen. Nicht bohrende, eher leichte, helle, die ihn geöffnet hätten, vielleicht. Vielleicht hätte sie ihn damit beschützen können. Aber wie soll eine Mutter ihr erwachsenes Kind vor sich selber schützen?

Sie sah ihn manchmal tagelang kaum. Nicht einmal den Schlüsselanhänger konnte sie ihm mehr geben, den sie auf ihrer Spanienreise als Geschenk für ihn gekauft hatte. Er ging frühmorgens weg und kam oft spät in der Nacht wieder nach Hause. Und wenn er da war, machte er sich gern unsichtbar. Er versteckte sich vor ihnen, so kam es ihr manchmal vor. Das sagte er selbst in seinem Abschiedsbrief: Es tue ihm leid, dass er sich »in der letzten Zeit immer im Zimmer verkrochen und nicht viel erzählt habe«. Was hätte sie tun können? Er studierte, er arbeitete, er ging aus, skatete mit Leidenschaft und joggte regelmäßig, er engagierte sich in mehreren Vereinen, im Team 72 und in der Jubla, diesem schweizerischen Kinder- und Jugendverband, der lose mit der katholischen Kirche verbunden ist. Er war ein viel beschäftigte junger Mann mit einem riesigen Freundeskreis, der ihn zusätzlich von ihr abschirmte. Er hatte ein eigenes Leben. Und ihr schien dieses Leben bunt zu sein und voller Pläne.

Und gerade in der letzten Zeit hatte er sein Wesen umgestülpt, hatte seine Zurückhaltung hinter sich gelassen wie eine zu eng gewordene Haut. Zum Beispiel ließ er sich im Team 72 zum Vizepräsidenten wählen, oder er verkaufte Theaterkarten, ebenfalls fürs Team 72, von Haus zu Haus. Sie staunte, ihr Mann auch. Das verlangte doch eine gewisse Forschheit. Und hinterher hörte sie von den Leuten im Dorf, was für ein flotter Bursche der David doch geworden sei. Pia Jaeggi glaubte ihren Sohn jetzt auf einem guten Weg, ja, das glaubte sie wirklich.

Wie ahnungslos kann eine Mutter sein? David hatte seinen Abschied von langer Hand geplant. Nichts übergab er dem Zufall. Er hinterließ ein Testament und eine detaillierte Liste von Dingen, die noch zu erledigen seien, von der Annullierung eines Fluges nach Wien bis hin zur Abmeldung vom Zivildienst. Er formulierte letzte Wünsche: Bitte spart euch teuren Grabschmuck, bitte gebt meinen Körper zur Organspende frei, bitte trennt euch rasch von meinen Kleidern – das hilft vor allem euch –, und bitte ein Urnengrab im Dorf, in dem ich aufgewachsen bin. In seinem Computer fanden sie Suchbegriffe wie »Tödliche Höhe«, »Zyankali«, »Zyankali kaufen«, »Polizei verständigen bei Selbstmord« und »Wen verständigen bei Selbstmord«.

Den Brief an seine besten Freunde schrieb David in zwei Anläufen, den ersten Teil bereits am 15. Februar 2010, also mehrere Monate bevor er sich endgültig fallen ließ, fünfzig Meter in die Tiefe. Eigentlich glaubte er sich damals schon bereit für diesen Schritt. Er begriff sich als »innerlich total am Ende«. Und suchte auf dieser nicht mehr zu unterbietenden Gemütslage eine neue Zuversicht zu bauen: »Ich setzte mir immer wieder neue Ziele, um dem Leben noch eine Chance zu geben.« Zum Beispiel noch das zweite Semester an der Fachhochschule beenden, noch an einem Jubla-Lager teilnehmen, und im August wollte er mit seinen besten Freunden noch nach Wien und Bratislava, eine Reise, die er für sie alle organisiert hatte.

Sie wusste von diesen Plänen und freute sich darüber. Sie sah darin seine Entschlossenheit, wieder an dieser Welt teilzunehmen. Diese Pläne erschienen ihr wie eine Garantie, dass ihr Sohn den 31. Oktober 2009 hinter sich gelassen hatte, den Tag, an dem sich seine erste große Liebe in nichts als seine Sehnsucht danach auflöste. Er schien für sechs Monate ganz in seinem Element angekommen zu sein, er war voller Tatendrang, fing an zu studieren, Systemtechnik, was sie als Eltern überraschte – David war nie gern zur Schule gegangen –, er lief Marathon, Jubla hier, Jubla dort, auch seine Freundin war in der Jubla aktiv. Danach stürzte er in einen Kummer, den sie mitbekam: »Gäll, dir geht es nicht gut?«, hatte sie ihn gefragt, und er hatte geantwortet: »Nein, wegen, du weißt schon.« Sehr gesprächig war er nicht gewesen. Sie redete mit ihrem Mann, der auch einmal eine herbe Enttäuschung in der Liebe erlebt hatte, und ihr Mann redete mit David, und sie hoffte auf die verstreichende Zeit, die Davids Gewissheit verwehen würde, ohne dieses Mädchen sein Leben zu verpassen. Sie bemühte sich, seinen Schmerz sachlich zu sehen – er wird neue Erfahrungen machen, die ihn ablenken werden, dachte sie. Und was sie sah, gab ihr doch recht. Alles war gut.

Wie hätte sie ahnen können, dass seine Vorsätze den Charakter eines Ultimatums angenommen hatten. Und am Ende seine Überzeugung steigerten, dass er am Abgrund lebte. »Irgendwann merkte ich jedoch, dass ich nicht mehr so lange durchhalten kann«, schrieb er im zweiten Teil des Briefes an seine Freunde. David setzte sich wiederum Ziele, diesmal allerdings »letzte Ziele« – »den Grand-Prix-Lauf von Bern zu absolvieren und noch einen letzten Ausflug mit dem Team 72 in den Europapark zu genießen« –, danach waren seine verbliebenen Reserven gegen einen Sprung ins Bodenlose aufgebraucht.

»Wahrscheinlich habt ihr es, wie so viele, nicht einmal bemerkt, dass es mir im letzten halben Jahr überhaupt nicht mehr gut ging« – so vermutete David im Abschiedsbrief an seine Eltern. Und so war es. Sie war überzeugt gewesen, dass sich ihr Sohn mit Aktivitäten über seine verletzten Gefühle hinweggetröstet hatte. Und davon ist sie eigentlich bis heute überzeugt. Denn die zerronnene Liebe mochte ein Auslöser oder ein Beschleuniger für seinen Freitod gewesen sein, aber nicht mehr. Das ist ihr klar. Auch dank David, der schrieb: »Das Ganze fing bei mir an, als meine Beziehung auseinanderging und ich schon da praktisch keinen Ausweg mehr sah. Irgendwann realisierte ich aber, dass es sich nicht nur darum dreht.«

Trotzdem kann Pia Jaeggi manchmal der Versuchung nicht widerstehen, dieser jungen Frau Schuld zuzuschieben. Wie konnte sie nur von David abweichende Ansprüche haben? Warum konnte sie ihn nicht einfach zurücklieben? Warum gab sie ihm nicht, was er brauchte? Und warum, bitte, forderte sie ihn auf, mit ihr auf ein Jubla-Fest zu gehen, und dann redete sie dort kein einziges Wort mit ihm? Das hat ihn so sehr verletzt. Da ist sie wieder, ihre Wut. Pia Jaeggi entledigt sich zeitweise ihrer Verzweiflung, indem sie sie in Wut verwandelt. Das hilft, allerdings nur so lange, bis ihr Verstand wieder einsetzt. Denn sie weiß, dass man Gefühle nicht verordnen kann, weder sich noch anderen, dass diese Frau also keine Verantwortung trägt. Sie weiß, dass sie nicht der Grund für Davids Abschied war. Sie weiß es.

Doch was war der wahre Grund? Sie liest Davids Briefe, wieder und wieder. »Ich kann nicht sagen, was der Grund war, jedoch lag mir nie wirklich viel an meinem Leben, selbst in guten Zeiten nicht«, steht da, und: »Es war ein Geschenk, das ich wohl nicht richtig zu schätzen wusste.« Er hätte zwar »bis anhin ein gutes Leben gehabt«, trotzdem sei er mit sich selbst nicht zufrieden: »Wie ich bin, wie ich lebe und gelebt habe und ein klein wenig auch mit meinem Aussehen.« – »Ich bin mit meinem Leben noch nie wirklich klargekommen«, schreibt David an anderer Stelle und erwähnt den abgebrochenen Militärdienst: »Wenn ich jetzt zurückblicke, muss ich zwar sagen, dass ich durchgehalten hätte, wenn ich gewollt hätte. Aber genau dieser Wille fehlt mir wahrscheinlich im Leben.«

Ihr Sohn wollte nicht leben. Er wollte einfach nicht mehr. Sie ist die Mutter eines Sohnes, der nicht mehr wollte. Sie ist die Mutter eines Sohnes, der nach eigenen Aussagen alles hatte – »ein paar sehr gute Freunde«, »die besten Eltern, die man sich nur wünschen kann«, »eine gute Ausbildung und Hobbys« – und doch nicht froh werden konnte. Kann sie das verstehen?

Wenn sie am Turm vorbeifährt, von dem David sich in die Tiefe stürzte, schreit sie manchmal laut auf. Sie schreit und kann nicht mehr aufhören zu schreien. Ihr Kind ist tot, und der Turm steht noch immer. Er besetzt für sie genau die Stelle, wo David fehlt. Auch wenn Pia Jaeggi einen jungen Mann in Militäruniform sieht oder in einer Jeans, wie David sie getragen hat, wird ihr schwer ums Herz.

Den Pyjama, den er zuletzt trug, hat sie lange aufbewahrt und immer wieder daran gerochen. Er war für sie wie ein Lebenszeichen. Die Bettwäsche, auf der seine Abschiedsbriefe lagen, holt die schlimmsten Augenblicke ihres Lebens zurück, wann immer sie ihr in die Quere kommt. Vom Zimmer, das David bewohnte, haben sie sich getrennt. Ihr Mann nutzt es jetzt als Büro. Vom Fenster aus kann er direkt auf Davids Grab schauen. Sie haben ihn im Garten begraben. Ein Urnengrab auf dem Friedhof, das hätte nicht zu David gepasst, da waren sie sich gegen seinen Wunsch einig. So ist er bei ihnen.

Pia Jaeggi hat nach Davids Geburt angefangen, für ihn ein Tagebuch zu schreiben, das sie ihm zu seinem zwanzigsten Geburtstag schenkte. Seine Kindheit, seine Jugend. Zeichnungen, Sprüche, Fragen. Dieses Tagebuch schaut sie jetzt öfter an und fahndet nach eigenen Versäumnissen. Hätte sie bei einem Satz wie »Mama, möchtest du lieber leben oder lieber sterben?« hellhörig werden müssen? Oder auch: »Gäll, wir können nicht wissen, wann wir sterben?« Sie sieht das Kreuz vor sich, das er mit acht Jahren gebastelt hat. Was bedeutet es, wenn ein Kind von acht Jahren ein Kreuz bastelt?

Pia Jaeggi geht die Lebensjahre Davids gedanklich durch und befragt sie nach ihrem mütterlichen Einfluss. Und wenn sie zu streng mit sich ins Gericht geht, führt sie sich Davids an seine Eltern gerichteten Worte vor Augen: »Wahrscheinlich denkt ihr jetzt: Was haben wir bloß falsch gemacht? Ich kann euch beruhigen, ihr habt überhaupt nichts falsch gemacht!! Ihr wart wahrscheinlich die besten Eltern, die man sich nur wünschen kann.« Und: »Auch wenn ihr immer denkt, dass die Kinder nach ihren Eltern kommen, das stimmt nicht oder nur teilweise. Deshalb ist mein kurzes Dasein in keiner Weise auf euch zurückzuführen. Ich finde es enorm wichtig, dass ihr das versteht!!!«

Sie möchte das schon verstehen. Obwohl es eine Erleichterung und eine Kränkung gleichzeitig bedeutet, was ihr Sohn da sagt, gerade für eine Vollzeitmutter, wie sie es war. Nach der Geburt ihrer ältesten Tochter kündigte sie ihre Stelle als Lehrerin. Sie bediente damit nicht nur die damaligen Erwartungen an eine ordentliche Frau, mehr noch, sie lernte, das Dasein als Hausfrau und Mutter als Verwirklichung ihres ganz persönlichen Wunsches zu begreifen. Sie wollte alles perfekt machen. Sie wollte nur noch für ihre Kinder da sein. Alles andere schob sie in den Hintergrund. Sie las ihnen Geschichten vor und bastelte mit ihnen. Sie erzog sie zu Sauberkeit und lebte aufgeräumte Verhältnisse vor. Weder in der Stube noch an ihren Kleidern duldete sie Schmutz. Wenn jemand sie ermahnte: »Genieße diese Zeit. Sie geht so schnell vorbei«, nickte sie und scheuerte weiter. Wie wenig war sie doch imstande, den Augenblick zu genießen.

Dann kam David. Ihn konnte sie nicht so unaufgeregt durch die ersten Jahre begleiten wie seine beiden Schwestern. Er war anders. Bis drei redete er nicht. Im Mutter-und-Kind-Turnen verweigerte er sich total. Die anderen Kinder spielten mit Tülltüchern, er warf sie zu Boden. Immer war er verletzt. Einmal schlug er sich beim Fahrradfahren die Zähne aus, einmal fiel er in ein Gülleloch. Er schlug sich die Knie auf, rannte vor ein Auto. Er erkannte Gefahr nicht. Im Kindergarten wie in der Grundschule befremdete er mit seinem Verhalten die Lehrer. Er störte den Unterricht, indem er pausenlos und geräuschvoll mit seinem Bleistift spielte, er vergaß viel, war zappelig und zerstreut. Pia Jaeggi war ein regelmäßiger Gast im Schulhaus. Sie versuchte, die Wogen zu glätten und um Verständnis zu bitten. Weil David in seiner Entwicklung etwa zwei Jahre hinter den Kindern seines Alters zurück war, hatte er kaum Freunde. Pia Jaeggis Ehrgeiz hält sich in Grenzen, sie setzte ihre Kinder nie auf jenen Lustgewinn an, der im schulischen Wettbewerb zu holen sein soll. Trotzdem erschütterte es ihr Selbstverständnis, einen Sohn zu haben, der schulisch versagte. Es war eine Enttäuschung, auch für ihren Mann, beide waren sie Lehrer, er in der Sekundarstufe, sie in der Grundschulstufe.

Mit neun bekam David die Diagnose Psychoorganisches Syndrom (POS), heute würde man von Aufmerksamkeitsdefizitstörung (ADS) reden. Jetzt hatten sie für seinen Zustand einen Namen und für seine Schwächen eine Erklärung. Das erleichterte sie und belud sie gleichzeitig mit Schuld. Sie hatten ihm oft Unrecht getan, waren ungeduldig und vorwurfsvoll gewesen, wo er doch gar nicht anders konnte. Jedenfalls veränderte die Diagnose ihren Blick auf den Sohn. Als er später in die Pubertät kam und sie öfter mal herausforderte, konnte sie gelassen bleiben. Seine Ausfälligkeiten ertrug sie viel leichter als die seiner älteren Schwester, mit der sie sich in viele laute und enervierende Kämpfe verstrickte.

Sie hat David geschont, vielleicht zu sehr, denkt Pia heute. Er musste nie mithelfen im Haushalt. Er war äußerst empfindlich beim Essen; in seinem ganzen Leben hat er keine einzige Frucht angerührt, keinen Apfel, keine Heidelbeere, keine Kiwi. Er wollte nicht, und sie hat ihn nie gezwungen, seine Geschmacksvorurteile zu überprüfen. Sie hat ihn wohl eher unterschätzt. Auch bezüglich seiner Schulleistungen. Nach der POS-Diagnose hieß es nicht mehr, er sei zurückgeblieben. Jetzt hieß es, er sei sehr intelligent, es fehle ihm nur einfach die Konzentration. Da waren sie als Eltern gefordert. In der Sekundarstufe war es vor allem ihr Mann, der mit David zusammen dessen Schwächen auszugleichen verstand. Während der Lehre blühte er richtig auf. Er erschien Pia Jaeggi wie ein anderer Mensch – selbstständig, selbstbewusst, er liebte die Arbeit mit den Händen. Er erwarb einen Fähigkeitsausweis als Automatiker und das Berufsmatur. Als David starb, war er wie die anderen. Er hatte seinen Weg gefunden, das glaubte Pia Jaeggi jedenfalls.

Manchmal spendet ihr der Gedanke Trost, dass wohl auch Fachleute ohnmächtig gewesen wären. Pia Jaeggi hat gelesen, dass die Hälfte aller Suizide von Menschen begangen wird, die in psychiatrischer Behandlung sind. Und dass die zuständigen Ärzte meist völlig überrascht auf die Tat reagieren. Dies bestätigte sich auch in der Selbsthilfegruppe, die sie nach Davids Tod gegründet hat: Sie ist Eltern begegnet, die auf einen jahrelangen Kampf mit ihrem Kind zurückblicken, auf eine diagnostizierte Zwangsneurose, missglückte Suizidversuche, Therapien, Psychiatrieaufenthalte. Und niemand konnte das Letzte verhindern.

Es gibt Millionen von Menschen, die Qualen erleiden, psychische, körperliche, und die trotzdem am Leben hängen. Fehlt diesen Menschen vielleicht die Kraft, dem Schmerz ein Ende zu setzen? Ein Suizid ist etwas Aktives und erfordert Entschlossenheit. Warum denken wir, dass ein schwer kranker, achtzigjähriger Selbstmörder vernünftiger handelt als ein junger, gesunder, geliebter Mensch, wie David einer war? Pia Jaeggi kannte die Sturheit ihres Sohnes. Er besaß die ungemütliche Willensstärke, durchzuziehen, was er sich in den Kopf gesetzt hatte. In seinem letzten Brief schreibt ihr Sohn, dass er innerlich immer schon gewusst habe, »dass früher oder später die Zeit kommen«, und »dass diese schlimme Zeit nicht einfach so vorbeigehen würde«, dass er »dieser Welt einfach nicht gewachsen« sei. Sie fragt sich, was alles er unternommen und übersehen hat, um sich diese Prophezeiungen zu erfüllen. Wie er sich in seiner Ausweglosigkeit eingerichtet und sein Elend genährt hat.

Sie will es sich nicht zu einfach machen. Sie kann sich einfühlen in ihren Sohn. Sie hat erfahren, dass einem das Leben ganz schwer werden kann. Mehrmals hat sie das erlebt, nach Davids Geburt fing es an. Ohne Freude und ohne Antrieb, so fühlte sie sich, auch wenn sie nach außen hin funktionierte und tat, was sie immer tat. Aber sie lag in einem Loch, und es schien sehr, sehr tief zu sein, weder Wärme noch Licht konnten durchdringen zu ihr, ihre Leere paarte sich mit Hoffnungslosigkeit. Irgendwann, nach vier bis sechs Monaten, war es vorbei. Nicht euphorisch fühlte sie sich jetzt, doch wie aufgeschlossen, mit einem neuen Zugang zur Welt. Es ging ihr gut.

Was bleibt, ist die Angst vor dem Loch. Nach Davids Tod war sie besonders groß. Doch bisher ist sie nicht zurückgefallen. Vielleicht, sagt sie, liegt es am Alter und den damit einhergehenden hormonellen Veränderungen. Vielleicht daran, dass sie jetzt gewappnet ist. Ihr kann nichts mehr passieren. Denn das Schlimmste ist bereits passiert. Sie ist gelassen und frei von Angst, sie kann jedes Unglück ertragen, sich mit jedem Schicksal versöhnen. Mit diesem Gefühl geht sie durchs Leben und manchmal mit Johanniskraut.

Sie kann verstehen, dass man tot sein möchte. Aber sie kann nicht verstehen, dass man tatsächlich den letzten Schritt tut. Diesen Akt der Gewalt gegen sich selbst, des Selbsthasses vielleicht. Das erschreckt sie und ist ihr fremd. Das passt nicht zu David, sagt sie. Es ist Teil ihrer Katastrophe, dass sie ihren Sohn in seiner letzten Handlung nicht erkennt. Dass sein Selbstmord ihr das Gefühl gibt, ihn vielleicht nie wirklich gekannt zu haben.

Pia Jaeggi hat gelesen, dass sich ein Mensch, der Suizid begeht, nie in einem normalen Zustand befindet. Selbst der bis ins Detail geplante Selbstmord entspringt einer akuten Krise, deren Auslöser beliebig sein kann. Eine schwarze Katze, eine schlechte Note, ein gleichgültiger Blick. Und natürlich hat sie sich gefragt, ob sie David ihre Anlage zur Depression vererbt hat. Sie bemerkte keine Anzeichen dafür. Pia Jaeggi schüttelt den Kopf. Davids Todesart bleibt ein Mysterium.

Sie will nicht vergessen, dass er gekämpft hat. Wie oft muss er sich ein »Trotzdem« und ein »Noch einmal« abgerungen haben. »Die Liebe zu all meinen Mitmenschen war immer viel zu groß für diesen Schritt«, schrieb er. Und dass er gedacht habe, er könne uns das nicht antun. Aber dass ein Kind sich nur aus Rücksicht auf seine Nächsten am Leben hält, kann keine Mutter wollen und kein Vater, sagt Pia Jaeggi.

David bemühte sich nach Kräften, seinem Unglück das größtmögliche Quantum Glück abzuringen. Gegen Ende gelang ihm das am besten beim Sport oder wenn er mit Freunden zusammen war. Er feierte bis in die frühen Morgenstunden: »Dies ist der Grund, warum ich immer fröhlich wirkte. Ich genoss einfach die Zeit, die ich noch hatte und mit euch verbringen durfte«, schrieb er seinen Freunden. Und seinen Eltern erklärte er: »Es waren die einzigen Momente, wo ich mich noch richtig lebendig fühlte und alles andere ein wenig vergessen konnte.«

Pia Jaeggi schließt den Ordner mit Davids Abschieds-
briefen. Sie und ihr Mann haben mehrere Ordner angelegt, in denen sie gesammelt, vervielfältigt und in eine
Reihe gebracht haben, was David in ihrer Erinnerung auf-
erstehen lässt. Diese Ordner bezeugen ihren Willen, den
Gefühlen mit dem Mittel der Genauigkeit zu begegnen.
Die Liste mit den Suchbegriffen, die David in seinen Computer eingab. Die Liste mit den Liedern, die er auf seinem
iPod hörte. Die Worte der Seelsorgerin und der Freunde
Davids an der Beerdigung. Alle Kondolenzbesuche, Name,
Datum. Alle fünfhundert Kondolenzkarten, alphabetisch
nach dem Absender eingereiht. Sie und ihr Mann lesen
diese Karten immer wieder. Sie helfen gegen das Gefühl,
allein gelassen zu sein. Und sie zeigen ihnen, dass David
ein Mensch war, der jetzt, wo er nicht mehr ist, vielen
fehlt.

Pia Jaeggi versteckt sich nicht. Von Anfang an wollte sie
sich nicht verstecken. In Europa sterben jährlich mehr
Menschen an Suizid als an Verkehrsunfällen, trotzdem ist
es für viele Angehörige ein Tabu, darüber zu sprechen.
Warum? Pia Jaeggi geht auf die Leute zu und zeigt ihnen,
dass sie sich nicht scheut, von David zu reden. Denn so
lebt er weiter. Nach diesen Gesprächen sieht sie wieder
sein Strahlen vor sich. Sie sieht den sportlichen David,
den hübschen und eitlen, der auf seinen Körper achtet. Sie
sieht den David, der immer zu spät kommt, den nach-
denklichen, fröhlichen, offenherzigen, scheuen, schwierigen, hilfsbereiten David. Sie begegnet dem beliebten, kon-
taktfreudigen David. Sie redet über ihn, und sie redet mit
ihm. Alle Mütter aus ihrer Selbsthilfegruppe reden mit

ihren toten Kindern. Noch gibt es keinen Tag, an dem Pia Jaeggi nicht mit ihrem Sohn geredet hat.

David hat keine Hilferufe gesendet, kein Sterbenswort. Seine Abgelöschtheit dem Leben gegenüber hat er ganz für sich behalten. Das hat sie nicht kommen sehen. Ihre Antennen waren auf Erschütterungen dieser Art nicht eingestellt. Wirklich nicht? Wie schwer hatte sie dafür schuften müssen, nicht zu bemerken, wie es um ihren Sohn stand? »Ich habe versucht, das Ganze zu verdrängen und mir nichts anmerken zu lassen, denn dies hätte alles nur noch schlimmer für mich gemacht«, schrieb er. War seine Verstellungskunst so gekonnt? War ihre Ignoranz eine Art Rücksichtnahme? Weil sie ihn mit Fragen nicht traktieren wollte? Kann sie diese Erklärung gelten lassen, als Entschuldigung für ihre unfassbar selektive Dickhäutigkeit? Sie hat nicht begriffen, dass er so leidet. Nichts geahnt. Nichts begriffen. David hat gelitten, und weder sie noch ihr Mann noch seine Schwestern oder seine Freunde haben ihm helfen können.

Mama, Mami, Papa und Pepe

Paula Carrière (9) hat zwei homosexuelle Mütter und zwei homosexuelle Väter und findet das prima, obwohl sie manchmal ausgelacht wird in der Schule. Frédéric Carrière (47) hält sich für den glücklichsten Vater der Welt, auch wenn die Elternschaft zu viert sehr anstrengend sein kann.

Frédéric Carrière war 21, als er Peter Degenkolbe kennenlernte. Seit 26 Jahren sind sie nun ein Paar, und er kann sich nicht vorstellen, jemals einen anderen Menschen so zu lieben, wie er ihn liebt. Trotzdem zweifelte er anfangs an sich und der Ernsthaftigkeit seiner Liebe, weil sie einem anderen, ebenso starken Wunsch zu widersprechen schien: »Seit ich denken kann, will ich Vater werden.«

Das Haus, in dem Frédéric Carrière zusammen mit seinem Mann lebt, entspricht dem Einfamilienhaustraum vieler, es wirkt relativ neu, von außen wie von innen, der Rasen ist gemäht, die Blumen blühen, die Böden sind gewischt, die Waschbecken glänzen vor Sauberkeit. So ein Haus kann man sich leisten, wenn man einen sicheren Verdienst hat und in geordneten Verhältnissen lebt. Frédéric Carrière arbeitet als Berater für Außenwirtschaft bei der Industrie- und Handelskammer Lahr, Peter Degenkolbe ist Berufsberater. Es ist das typische Haus eines Mannes, der daneben auch noch einen Baum pflanzt und ein Kind zeugt.

Sein Kinderwunsch scheint Frédéric Carrière so natürlich, dass er sich fast zwingen muss, Gründe dafür zu finden: Er sagt, er möchte weitergeben, was er von seiner Mutter gelernt hat, das Kochen zum Beispiel oder die Faszination für Fremdsprachen, die ihm vom Vater übertragen wurde. Er sagt, dass ihm kinderlose Leben immer leer erschienen, so reich sie auch sein mochten an teuren Reisen, ausgesuchten Möbeln und Zeit für sich allein. Er sagt, es muss einem doch das Herz aufgehen, wenn man Kindern beim Spielen zusehen kann, diese Selbstvergessenheit. Er findet es schön, einen Menschen beim Wachsen begleiten zu können, und er findet es schön, ein Kind zu trösten, wenn es traurig ist. In der Gegenwart von Kindern fallen alle Sorgen von ihm ab, Stress, Beruf, Zukunft, Vergangenheit. Er gibt sich dann ganz dem Augenblick hin. Kinder sind das größte Glück, sagt er, erst wenn man Kinder hat, weiß man, was Glück ist. »Als Vater der achtjährigen Paula und des dreijährigen Félix habe ich meinen Lebenszweck erfüllt.«

Das sind gewichtige Worte, und hinter diesen Worten steht ein langer Weg. Wäre Frédéric Carrière eine Generation früher geboren, wäre ein offenes Leben als schwuler Vater praktisch undenkbar gewesen. Sogar jetzt noch musste er seinen Kinderwunsch nach allen Seiten hin verteidigen. Zuerst sich selber gegenüber, das war der leichteste Part. Denn er war sich sicher, dass er ein Kind um des

Kindes willen wollte, und nicht, um der Welt zu beweisen, dass man auch mit seiner sexuellen Orientierung Vater werden kann. Er konnte auch ausschließen, dass er mit seinem Kind seine Eltern entschädigen wollte für die Enttäuschung, die sie empfanden, als sie erfuhren, dass er Männer liebt. Denn sie zeigten eher Bedenken als Freude, als sie von seinem Plan erfuhren: Das arme Kind wird immer gehänselt werden, sagte sein Vater.

Viel schwieriger war es, seinen Partner zu überzeugen, der Homosexualität fraglos mit Kinderlosigkeit verband. Frédéric Carrière brauchte mehr als zehn Jahre, bis er Peter Degenkolbe begreiflich machen konnte, dass sich sein Gefühl, ohne Kinder das Leben zu verfehlen, nicht verflüchtigen würde: »Ich wusste, wenn Peter einmal ja gesagt hat, dann heißt das auch ja. Er macht keine halben Sachen.« Er erfuhr erst später, dass Peter damals nur zugestimmt hatte, weil er überzeugt war, das Unternehmen werde scheitern. Inzwischen sagt sein Partner: »Ich liebe die Kinder über alles.«

Sie zogen Adoption in Betracht. Ein europäisches Kind zu bekommen war aussichtslos. Vor den Herausforderungen mit einem Kind aus einem anderen Teil der Welt hatte Frédéric Carrière großen Respekt. Was, wenn es ein Verhalten zeigt, das man nicht verstehen kann, weil die Gründe dafür in seiner Vergangenheit liegen, die einem unbekannt ist? Er habe dann auch festgestellt, dass es ihm wohl doch ein Bedürfnis sei, sich in seinen Kindern irgendwie zu spiegeln. An Félix zum Beispiel entdeckt er seine Augen: »Er hat den Carrière-Blick.« Und es freut ihn zu sehen, dass Paula seine braune Haar- und Augenfarbe hat und die Haut seiner Mutter: »Wie sie überhaupt viel von meiner Mutter hat: die Gesten, die Neugier, das Theatralische manchmal.«

Als Nächstes spielte Frédéric Carrière die Möglichkeit durch, sich eine Leihmutter zu nehmen. Das ist in Deutschland allerdings illegal, dazu hätte er in die USA gehen müssen. Er las die Empfehlung, dass Eizellenspenderin und Leihmutter am besten nicht identisch seien, weil dann vor dem Gesetz keine von beiden den vollen Anspruch aufs Kind erheben könne, sollte es Streitigkeiten geben. Frédéric Carrière stellte sich vor, dass er diesen Rat befolgen und sein Kind ihn eines Tages fragen würde, wer seine Mutter sei. »Wie hätte ich da antworten sollen?«

Nun überlegte er, sich in Asien eine Frau zu suchen und sie nach Europa zu holen und pro forma zu heiraten. Sie hätte im Haus wohnen können, das er sich inzwischen mit seinem Partner gekauft hatte, kein Problem. Doch das Arrangement wäre klar: »Du trägst mein Kind aus, lieben tu ich einen anderen.« Frédéric Carrière kam zum Schluss, dass dies »ein Akt der Unmenschlichkeit« wäre.

Was nun? In der ihm ausweglos scheinenden Situation fing er an, Anzeigen in Zeitungen zu schalten: »Gesucht: Frauenpaar mit Kinderwunsch.« Jemand meldete sich: »Aber die beiden waren wie Omas.« Ein weiteres Mal schöpfte er Hoffnung, als ein amerikanischer Freund ihn und seinen Partner zum Abendessen eingeladen hatte. Da saßen auch zwei Frauen am Tisch, Britinnen, Typ forsche Unternehmerinnen. Die eine habe ihre Karten gleich auf den Tisch gelegt: »Sie würde mich als Samenspender in Betracht ziehen, sie wolle das alleinige Sorgerecht, ob ich damit einverstanden sei.« Über die Initiative schwuler und lesbischer Eltern, die im Jahr 2000 gegründet worden

war, lernte Frédéric Carrière dann mehrere Kandidatin-
nen kennen. Noch immer war es nicht einfach. Eine der
Frauen schien ihm als potenzielle Mutter seiner Kinder zu
unvernünftig, weil sie sich ans Steuer setzte, obwohl sie
getrunken hatte. Eine andere war ihm zu esoterisch, weil
sie die Kristallkugel befragte. Eine dritte war ihm zu un-
bestimmt, was ihre Sesshaftigkeit betraf.

Auch die erste Begegnung mit Suzanne und ihrer Partnerin Constanze war ein nüchternes Abwägen. Man traf
sich wie zu einem Bewerbungsgespräch. Die beiden waren
damals 32 und 31 und lebten in der Nähe, im von Lahr
zwanzig Kilometer entfernten Offenburg, das war ein
Pluspunkt. Außerdem wohnten auch ihre Eltern in der
Umgebung, was die Wahrscheinlichkeit, dass die Frauen
eines Tages das Weite suchen würden, verkleinerte. Sie
schienen ihm bodenständig zu sein in ihren Ansichten
und in ihren Berufen, Suzanne ist Heilpädagogin und
Constanze Physiotherapeutin, sie setzten sich nicht unnötig Gefahren aus, was man daran sehen konnte, dass
diejenige, die trank, nicht fuhr. Sie waren alles in allem
sympathisch, befand Frédéric Carrière, und auch Peter
Degenkolbe hatte keine grundlegenden Einwände.

Die Frauen sagten, sie hätten sich schwule Väter anders
vorgestellt. Frédéric Carrière weiß bis heute nicht, was genau sie damit meinten. Und Suzanne, die treibende Kraft
und diejenige, die das Kind austragen würde, musste sich
mit dem Gedanken anfreunden, es mit dem Vater zu teilen. Nach einer Bedenkzeit von fast sechs Monaten entschied man sich im Oktober 2003, es zu versuchen.

Ein Jahr später, am 21. Oktober 2004, wartet Frédéric
Carrière mit schweißnassen Händen vor der Tür des

Krankenhauszimmers, in dem sein Sohn geboren wird. Er selbst hat einen Halbbruder, der durch einen ärztlichen Fehler bei der Geburt schwer behindert ist, seine Angst ist groß. Er versucht sie mit *Pique Dame* zu zähmen, einer Erzählung von Alexander Puschkin. Dann hört er Schreie. Constanze, die Co-Mutter, kommt zur Türe heraus. Die Ultraschallbilder seien trügerisch gewesen, sagt sie, und er befürchtet das Schlimmste. Es sei eine Tochter, fährt sie fort, kein Junge, eine gesunde Tochter. Seither ist Frédéric Carrière »der glücklichste Vater der Welt«, wie er sagt.

Auch Paula verbringt die Zeit offensichtlich gerne mit ihrem Vater. Sie schmiegt sich an ihn, sie neckt ihn, sie steigt ihm auf den Schoß und wieder runter. Sie hat in ihren Bewegungen die Verspieltheit eines jungen Hundes und die Geschmeidigkeit einer Katze. Eben war sie im Ballettunterricht, jetzt schlägt sie im Garten ein Rad nach dem anderen, und weil sie den Spagat perfekt schafft, nennt man sie in der Schule »Spagatfrau«.

Später erzählt sie mir in ihrem Zimmer, es gäbe Jungs, die sie »Spagatfrau« nennen würden, um sie zu hänseln, eigentlich sei ihr dies egal. »Sowieso ist einer verknallt in mich und der sagt das nur, weil er Aufmerksamkeit will.« Weniger egal ist ihr, wenn die Jungs sie immer wieder fragen, warum sie solche Eltern habe und wie sie entstanden sei, da müsse sie sich immer so rausschlingern, was nerve. »Ich könnte es ihnen ja genau sagen, wenn ich wollte«, sagt sie, steht auf und schließt die Tür. Dann erklärt sie es mir, und zwar im Detail, verbietet mir allerdings, es zu schreiben. »Das muss unter uns bleiben, das muss ja nicht jeder wissen.« Recht hat sie, finde ich, möchte aber trotzdem erfahren, wieso ich es nicht schreiben darf, und sie antwortet: »Weil es pervers ist.«

»Wieso?«, frage ich.

Paula zieht die Schultern hoch und lässt sie wieder fallen: »Weil es halt anders ist als bei den anderen.«

Sie sieht auch Vorteile in ihrer Situation. Wenn zum Beispiel ein Elternteil sterben würde, hätte sie immer noch drei Elternteile, und nicht nur eine Mutter oder einen Vater wie die anderen. Oder wenn zum Beispiel ihre Mutter arm werden würde, hätte der Vater immer noch Geld oder der Co-Vater oder die Co-Mutter. Einen Nachteil sieht Paula im Ausgelachtwerden, aber das habe sie ja schon gesagt, und darin, dass Papa finde, er habe seine Kinder zu wenig bei sich, und dass Mama finde, Papa übertreibe, und dass sie sich deswegen manchmal streiten und dass sie deswegen auch schon geweint habe, weil sich das anfühle, als ob von links und von rechts an ihr gezerrt würde.

Die Hälfte der Schulferien, jedes zweite Wochenende und jeden Freitagnachmittag haben die Väter die Kinder bei sich in Lahr und am Montag- oder Dienstagabend fahren sie jeweils nach Offenburg und verbringen den späten Nachmittag mit ihnen. Das sind rund zwanzig Prozent der Zeit. Achtzig Prozent verbringen Paula und Félix bei den Müttern. »Ja, wir würden unsere Kinder gerne öfter sehen«, sagt Frédéric Carrière, »ganz eindeutig.«

Doch die Mutter stellte von Anfang an klar, dass der Großteil des Alltags bei ihr stattfinden würde, über die Feinheiten hatten sie sich im Vorfeld nicht unterhalten: »Wir sind hineingeschlittert, und das ist gut so. Sonst würde es Paula und Félix womöglich gar nicht geben.«

Das Abschiednehmen fällt Frédéric Carrière jeweils schwer. Es sind Momente der Traurigkeit, wenn er am Sonntagabend die Spielsachen wegräumt. Und auch für die Kinder sind die Wechsel mit Schwierigkeiten verbunden. Eine Zeit lang war es Paula, die sich nur mit Tränen in den Augen von den Vätern trennte. Im Moment hat eher Félix Mühe, sich von seinen Müttern zu lösen.

Frédéric Carrière hoffte auf Entspannung, als »die Frauen«, wie er die biologische Mutter und ihre Partnerin nennt, aus ihrer Wohnung in Offenburg ausziehen mussten. Da habe er sich bemüht, in seiner Nachbarschaft in Lahr etwas für sie zu finden. Die Begeisterung war klein. »Ich glaube, sie beharren auf einer gewissen Distanz«, sagt er. Auch seine Erwartung, dass mit einem zweiten Kind die Belastungen größer und die Besuchszeiten damit weniger restriktiv gehandhabt würden, hat sich bis jetzt nicht erfüllt. Sein Partner, dem es noch schwerer fällt zu teilen als ihm, schlug damals vor, dass man die Kinder trennen solle, ein Paar würde das erste Kind zu sich nehmen, das andere Paar das zweite. Da wurde er jedoch überstimmt, drei zu eins. Die Geschwister sollen zusammen aufwachsen.

Und so rechnet Frédéric Carrière damit, dass die Zeitzuteilung sie alle noch eine Weile beschäftigen wird. Sie war von Anfang an brisant. Er erinnert sich an die Zeit, als Paula frisch geboren war. Während des ersten Jahres konnte er seine Tochter nur stundenweise sehen, denn das Kind wurde gestillt. Die Frauen hätten Paula bei ihm vorbeigebracht, und sobald sie schrie, musste er Suzanne anrufen, komm bitte, das Kind will trinken. Er entwickelte Ungeduld und Unverständnis. »Warum pumpst du die Milch nicht ab?«, fragte er. Weil die Gefahr bestehe, dass das Kind dann nicht mehr von der Brust trinken wolle, antwortete Suzanne. »Wie lange willst du denn noch stillen?« Er hatte die Säugerei so satt.

Derzeit laufen die Verhandlungen wegen der Sommerferien. Die erste Woche mit ihnen, dann drei Wochen mit den Müttern und die letzten zwei Wochen wieder mit ihnen, das wäre der Vorschlag der Väter. Die Frauen vertreten die Meinung, für den dreijährigen Félix seien drei Wochen innerhalb von sechs Wochen eine zu lange Zeit, um von ihnen getrennt zu sein. »Sie wollen uns die erste Woche nicht ganz geben, da machen sie uns Stress.«

Dennoch würde Frédéric Carrière ihrer Streitkultur ein ganz passables Zeugnis ausstellen. Er finde die Argumente der Frauen zwar nicht immer einleuchtend, doch immerhin versuchten sie, ihre Überlegungen nachvollziehbar zu machen und einen nicht einfach vor vollendete Tatsachen zu stellen. Das wisse er zu schätzen, sagt er, und auch, dass man darauf vertrauen könne, dass ein gefasster Beschluss umgesetzt würde.

Frédéric Carrière glaubt, dass ihr Arrangement im Vergleich zu geschiedenen Paaren insofern von Vorteil sei, als bei ihnen keine alten Rechnungen auf dem Rücken der Kinder beglichen würden. Er hätte zwar nie Liebe für die biologische Mutter verspürt, aber eben auch nie Hass. »Wenn wir streiten, dann geht es einzig ums Wohl der Kinder beziehungsweise darum, was jeder dafür hält.«

Das war bestimmt so, als es ums Impfen ging. Suzanne sei Impfskeptikerin, sagt Frédéric Carrière, er ein klarer Befürworter. Der Kompromiss lief darauf hinaus, Paula zwar zu impfen, aber den Zeitpunkt möglichst herauszuschieben. Das dürfte auch so sein, sobald es um die Frage geht, ob man Paula wegen ihrer Einschlafprobleme zu einer Psychologin schicken soll oder nicht. Suzanne habe da die Initiative ergriffen, ihm sei das zu schnell gegangen. Er sehe die Gefahr, Paula unnötig zu pathologisieren. Außerdem habe sie das Problem nie, wenn sie bei ihm sei. Wobei das auch daran liegen könnte, dass sie bei ihm nicht dem Schulstress ausgesetzt sei, der ihr offenbar zusetze, obwohl sie eine exzellente Schülerin sei. Sie habe enorm hohe Ansprüche an sich selbst, was weder von ihm noch von Peter komme, und auch nicht von den Frauen, da sei er überzeugt.

Zu solchen konkreten Alltagsfragen kommen rechtliche Probleme hinzu. Paula trägt den Namen des Vaters, das konnte Frédéric Carrière bei der Geburt durchsetzen. Ums gemeinsame Sorgerecht jedoch kämpfte er fast neun Jahre lang. Unglücklich ist er zudem über den Status seines Partners. Vor dem Gesetz sei er für Paula ein Fremder, obwohl er sich genauso um ihre Erziehung kümmere und eine ebensolche Nähe zu ihr habe wie er, sagt Frédéric Carrière, der mit Peter Degenkolbe am 19. Juli 2001 den französischen zivilen Solidaritätspakt geschlossen hat und seit dem 19. Oktober desselben Jahres mit ihm auch in einer Lebenspartnerschaft nach deutschem Recht lebt.

Auch die Kirche macht es nicht einfach. Paula wollte nicht abseitsstehen, als die anderen Kinder ihrer Klasse sich auf die heilige Kommunion vorbereiteten. Doch um teilnehmen zu können, musste sie getauft sein. Wer aber tauft ein Kind, dessen Eltern schwul, lesbisch, unverheiratet und aus der Kirche ausgetreten sind? In Deutschland kaum jemand. In Frankreich störten sich die Geistlichen nicht daran, dass Frédéric Carrière in Deutschland aus der homophoben katholischen Kirche ausgetreten war. Als in Nancy geborener Katholik galt er immer noch als Mitglied der französischen Kirche. Und so fand er einen Priester im Elsass, der bereit war, Paula zu taufen.

Und wer sollte Taufpatin und Taufpate werden? Eine Frage, die sich viel heikler erwies, als Frédéric Carrière vermutet hätte, und die zeigt, wie offen und definitionsbedürftig die Rollen eines jeden in dieser Vier-Eltern-Konstellation sind. Er schlug Constanze und Peter vor, also Co-Mutter und Co-Vater. Constanze aber lehnte ab. Sie sei mehr für Paula als nur Taufpatin, sagte sie, sie würde sich durch dieses Amt in ihrer Rolle degradiert fühlen. Suzanne wiederum konnte nicht einsehen, wieso Peter unbedingt Taufpate werden wollte, Taufzeuge schien ihr angemessen. Da wiederum hat Frédéric Carrière sich gewehrt. Er empfand das als Degradierung seines Partners. Peter ist jetzt Taufpate und eine Bekannte der Frauen ist Taufpatin.

Wo ihre Eltern Probleme sehen, sieht die neunjährige Paula glasklare Verhältnisse. Sie macht den Eindruck vollendeter Ehrlichkeit und vollendeter Diplomatie zugleich. Ich frage sie, wer die wichtigste Person sei in ihrem Leben. Sie fragt, ob sie nur eine nennen dürfe, das könne sie nämlich nicht. Ich sage, nein, sie könne so viele nennen, wie sie wolle, solange sie ihr gleich wichtig seien. Sie sagt, gut, in ihrem Leben gebe es fünf wichtigste Personen, sie zähle sie jetzt auf, die Reihenfolge bedeute nichts, es seien ihr wirklich alle gleich wichtig.

Da sei Félix, ihr kleiner Bruder. Das schönste Erlebnis in ihrem Leben sei gewesen, als er geboren worden sei. Er nerve, wenn er ihre Sachen kaputt mache, aber er sei auch sehr süß.

Da sei Suzanne, sie nenne sie Mama, sie sei ihre richtige Mutter, sie sei homosexuell und verheiratet mit Mami. Mama sei nett, manchmal ein bisschen stur, wie Mütter halt so seien. Man könne mit ihr nicht so gut verhandeln, wenn man etwas wolle, dann sage sie: Nein, wir müssen ja jetzt unser Dach reparieren. Sie treibe ihre Mutter manchmal zum Wahnsinn, wenn sie zu neugierig sei und Dinge wissen wolle, die sie nichts angingen.

Dann sei da Constanze, also Coni, sie nenne sie Mami, sie sei ihre Co-Mutter, homosexuell und mit ihrer richtigen Mutter verheiratet. Sie sei nett, manchmal brülle sie vielleicht ein bisschen schnell herum. Man könne sie leicht provozieren, wenn man sie ins Gesicht fasse, das möge sie gar nicht.

Da sei Peter, sie nenne ihn Pepe, er sei homosexuell und ihr Co-Vater und mit ihrem richtigen Vater verheiratet. Er sei nett. Er würde mit ihr Französisch reden, obwohl es nicht seine Muttersprache sei, seine Muttersprache sei Deutsch, doch er mache es, damit sie es lerne.

Und da sei Frédéric, sie nenne ihn Papa, er sei ihr richtiger Vater, homosexuell und mit Pepe verheiratet, er sei nett und man könne gut mit ihm verhandeln, beim Fernsehschauen zum Beispiel. Er erfülle einem die Wünsche. Zum Beispiel habe sie sich eine Reise nach Paris gewünscht, und sie werde eine Reise nach Paris kriegen. Er rede mit ihr nur Französisch, und er bringe ihr das französische Schreiben bei.

Zu hören, dass die Mütter in Paulas Augen strikter und weniger diskutierfreudig sind als sie, die Väter, müsste Frédéric Carrière eigentlich erstaunen und vielleicht sogar beruhigen. Er hegt nämlich den Verdacht, dass es den Frauen manchmal an Konsequenz fehle, dass sie zu viel redeten und zu wenig forderten, dass sie die Kinder auf der Diskussionsebene einerseits schon als Erwachsene behandelten, ihnen andererseits aber alles Mögliche durchgehen ließen, das deutsche Modell eben. Während er mit seinem Partner zusammen eher die französische Erziehung verkörpere – man lege also Wert auf Manieren, man verlange, dass die Kinder die Eltern als Autorität respektieren, dass sie ein Nein als Nein entgegennehmen und die Eltern nicht endlos mit Warum-und-Warum-nicht-Fragen belästigen.

Wie auch immer Paulas Bild vom Erziehungsstil ihrer Eltern mit der Wirklichkeit zusammengeht, Frédéric Carrière ist überzeugt, dass die unterschiedlichen Welten und Kulturen, die seine Tochter in ihren zwei Elternhäusern erlebt, ihr auf lange Sicht zum Vorteil gereichen: »Sie wird wendig sein und sehr anpassungsfähig.«

Die Schwierigkeiten und Hänseleien, unter denen Paula aufgrund ihrer speziellen familiären Situation manchmal in der Schule zu leiden hat, verdrängt er nicht. Er versucht sich in sie hineinzuversetzen. »Ich war miserabel im Sport und Brillenträger. Und dann war ich auch noch schwul.« Er sagt, er habe lange das Gefühl gehabt, nicht richtig zu ticken. Über seiner ganzen Jugendzeit hängt schwer ein Satz seiner Eltern: Das Schlimmste, was ihnen passieren könnte, sagten sie ihm wohl aus einer Vorahnung heraus, das Schlimmste wäre, wenn sich herausstellen würde, dass ihr Sohn schwul sei. Und als Frédéric Carrière eines Tages all seinen Mut zusammennahm und seiner Mutter die Wahrheit sagte, erwiderte sie trocken: »Ich habe nur Behinderte zur Welt gebracht.« Sein inzwischen verstorbener Vater brach den Kontakt für sechs Monate ab.

Inzwischen sei seine Mutter eine stolze Großmutter, obwohl sie immer noch hadere mit der Veranlagung ihres Sohnes. »Meinen Eltern ist es enorm schwergefallen, mich so zu akzeptieren, wie ich bin«, sagt Frédéric Carrière. Er habe sich zu lange verpflichtet gefühlt, ihnen und der Welt gegenüber eine Rolle zu spielen und im Falschen zu leben. Eine ohnehin schwierige Zeit sei so zu einer schlimmen Zeit geworden. Homosexualität war immer noch ein großes Tabu in seiner Jugend, er hatte keine Möglichkeiten, sich zu informieren oder gar auszutauschen. Er wünsche es wirklich niemandem, diese Einsamkeit erleben zu müssen, und trotzdem: »Ich bin, der ich bin, nicht zuletzt, weil ich das alles erfahren musste. So absurd es klingt: Ich möchte es nicht missen.«

Was jedoch Paula betrifft, da will er ohne Frage alles unternehmen, um sie glücklich zu machen und alles in seiner Macht Stehende, um zu vermeiden, dass sie unglücklich wird. Ich frage ihn, wie er reagieren würde, wenn er erführe, dass seine Tochter lesbisch sei. Frédéric Carrière überlegt. Er sagt, er würde es ihr nicht ausdrücklich wünschen, auch Félix würde er es nicht wünschen, homosexuell zu sein, denn selbst in einer relativ offenen Gesellschaft sei es das schwierigere Leben. »Aber es gibt wohl schon einen Unterschied«, sagt er zögernd. Er habe den Verdacht, dass ihm die Homosexualität seiner Tochter eher zusetzen würde als die Homosexualität seines Sohnes.

»Weniger wegen ihr als wegen mir. Weil ich Angst hätte, sie dadurch zu verlieren, an die Mütter. Oder überhaupt.«

Paula sagt mir noch, dass ich schreiben solle, sie sei glücklich, und dass sie alle liebe, Pepe, Mami, Mama und Papa. Und dass sie, wenn sie zaubern könnte, zaubern würde, dass in der Schule alle lieb zu ihr seien, und sie würde auch zaubern, dass sie in zwei Schulen gehen könnte, immer einen Tag in die Schule in Offenburg bei Mama und Mami, und einen Tag in die Schule in Lahr, bei Papa und Pepe, abwechselnd.

Die Mutter ist Erde,
der Sohn ist Luft

Die Kinder waren Heike Schmidt (73) das Wichtigste, sie tat alles für sie. Arne Schmidt (,) aber empfand die Hingabe seiner Mutter als Übergriff. Nach jahrelangem Schweigen kam es zur Annäherung zwischen der Mutter und ihrem wesensverschiedenen Sohn.

Heike Schmidt war überzeugt, frei zu sein von unterschwelligen Erwartungen, die ihren Sohn hätten lähmen können. Dass sie sich da getäuscht hatte, bemerkte sie erst, als die Enttäuschungen einsetzten.

Sie sitzt in ihrer hübschen, freundlichen Wohnung, von der aus sie ein hübsches, freundliches Quartier überblickt. Ihre Stimme klingt hell, wenn sie erzählt, dass sie Arne inzwischen wieder regelmäßig trifft. Es sind für sie gute Begegnungen, auch wenn sie sich oft auf die Zunge beißen muss. Sie versucht heute, Unabänderliches nicht aufzurühren, sondern zu bejahen. Arne ist 46 Jahre alt und Schauspieler, die Sorgen wegen seiner finanziellen Zukunft behält sie für sich. Von Zeit zu Zeit stellt sie ihm die

Frage, ob er sich glücklich fühle, und solange er dies bejaht, will sie zufrieden sein. Und sich freuen, wenn sie ihn auf der Bühne sieht. Sie freut sich immer, wenn sie ihn auf der Bühne sieht. Wie er Anbetung in sein Gesicht legt und in der nächsten Sekunde Herablassung. Wie er mit einem schmalen Lächeln um Hilfe bitten kann. Er vermag mit seinem Körper zu drohen wie mit einem Gewehr. Das alles erstaunt sie. Wo hat er das her?

Sie mag seinen Humor. Sie mag seine Nachdenklichkeit, seine Fröhlichkeit, sogar seine Ruppigkeit. Er kann sehr direkt sein. Sie mag, wie er seinen Freunden die Treue hält. Sie freut sich über seine Widmungen in den Büchern, die er ihr schenkt. Sie freut sich über jedes Wiedersehen – im Sommer vielleicht in einem der Cafés am See –, wenn er Zeit hat und ein bisschen von sich erzählt. Manchmal erzählt er ihr Dinge, die hätte sie ihrer Mutter nie erzählt. Sie begreift das als ein Zeichen des Vertrauens. Das war mal weg und ist jetzt wieder da, sagt sie, und dass sie gelernt habe, auch kleine Gesten zu schätzen.

Doch hat ihr Sohn nicht oft und oft nicht lange Zeit. Sie würde sich dem Augenblick gern hingeben, gespannt, was er ihr bringt, sie hätte Zeit. Er hingegen bricht so charmant wie schnell ab, wenn ihn Langeweile oder Rastlosigkeit befallen. Da zeige er ein ihr fremdes Wesen, sagt sie.

Arne Schmidt kann die Wahrnehmung seiner Mutter insofern nachvollziehen, als er sie in die Nähe von »Erde« bringt, er selbst hingegen sei »Luft«.

Die Wohnung seiner Kindheit war ein Schiff, sagt er, »und rundherum wogende, überwältigende Wellen.« Heike sah er vor allem als Beschützerin. Sie rannte herbei, um zu verhindern, dass der um ein Jahr ältere Bruder ihm ins Auge fasste. Nein, Clemens, das sind keine Murmeln, das sind Arnes Augen. Arne Schmidt erinnert sich, wie sie sich beim Lehrer seiner vierten Grundschulklasse für ihn ins Zeug legte: Aber ich bitte Sie, natürlich versteht Arne nicht, warum er sein Weiher-mit-Steintreppe-Bild nicht mit nach Hause nehmen darf, bei den Gründen, die Sie nennen, versteht das kein Mensch. Seine Mutter lotste ihn erfolgreich durch seine Schulmattigkeit im Gymnasium, und später streckte sie ihm Geld vor, wenn die Steuerrechnung zu hoch war, und kein Zwischenton begleitete ihre Hilfe.

Sie war immer für ihn da und um ihn herum, wie dieser Holztisch, an dem er jetzt sitzt und isst und manchmal arbeitet und den er sich von ihr zu Weihnachten gewünscht hat. »Eine Zeit lang hat sie ihre Liebe mit Teetassen ausgedrückt«, bei jedem Besuch habe sie eine Teetasse mitgebracht, »die trug ich dann alle mal auf den Flohmarkt.«

Arne Schmidt erkennt an, wie sehr ihn seine Mutter förderte, bestätigte, liebte und wie sie um und für ihn kämpfte, und das bis heute. Sie sei »hoffnungslos loyal«, es mache ihn irgendwie traurig, dass er ihre mütterliche Fürsorge »nicht mit einem Schwall von Euphorie« beantworten könne. Dass er das, wofür sie in seinem Erleben stehe, »das Lokale«, »Wärme«, »das Nest«, zerpflücken müsse. Die Mutter sei der Ausgangspunkt, sagt er, nicht das Ziel.

Arne sagt es auch härter: »Ich will nicht in der Stimmung leben, in der meine Mutter lebt. Sie schafft eine Atmosphäre um sich, die nicht die meine ist. Zu schwer.«

Und konkreter: »Wenn ich mal freie Zeit habe, rufe ich lieber meinen Vater an.«

Natürlich ist er sich bewusst, dass sie den schweren Job gehabt hat, den Alltag, die Erziehung; mit ihr machte man Hausaufgaben und Spaziergänge im Wald, während der Vater Rainer elegant aus dem Flugzeug stieg. Immerzu stieg Rainer aus irgendeinem Flugzeug, brachte Geschenke mit und roch gut. Er verkörperte für den kleinen Arne das Fremde, das Geheimnis, die Welt. Sein Vater war smart, clever, höchst erfolgreich, heute würde er sagen: das Ebenbild des Werbers Don Draper aus der amerikanischen TV-Serie *Mad Men*. Rainer spielte mit seinen beiden Söhnen vielleicht eine halbe Stunde vor dem Zubettgehen, danach verschwand er wieder hinter der Zeitung oder im Büro. In seiner Kindheit sei sein Vater etwa so präsent gewesen wie er jetzt für seine Nichte, sagt Arne. Doch milderte die knappe Zeit, die der Vater ihm zu geben bereit war, nicht seine verzückte Anhänglichkeit, im Gegenteil: »Rainer ist die erste große Liebe meines Lebens«, er verstehe den Typen einfach und fühle sich ihm »sehr verwandt, vom Wesen her«.

»Das war so und das blieb so«, sagt Heike Schmidt in sachlichem Tonfall. Das Zusammengehörigkeitsgefühl zwischen ihr und Arne sei erkämpft, während das Einvernehmen zwischen Arne und seinem Vater umfassend da war, von Anfang an. Heike Schmidt erinnert sich, wie die Wiege wogte, wenn Arne, kaum geboren, die Schritte seines Vaters hörte; wie er ihm die kurzen Ärmchen entgegenstreckte, zitternd vor Freude. Später, wenn sie während der Sommerferien durch Tessiner Flusstäler wanderten, rannte Arne mit seinem Vater voraus, sie mit seinem Bruder hinterher, »einmal verloren wir sie, weil es ihnen nicht einfiel zu warten«. Und als Arne in der Pubertät seinen Vater verehrte und von jedem Fehler freisprach, erfuhr sie von ihm radikale Missachtung, als Mutter und als Mensch.

Sie beschreibt diese Zeit heute als eine Art persönlichen Weltuntergang. »Ich befand mich in einem langen, von hohen Wänden umstellten Tal, oben der offene Himmel, vorne, weit entfernt, das Meer, aber eigentlich war es der Tod, in diesem Tal passiert nichts mehr, du wanderst nur noch dem Tod entgegen.« Heute, wo sie 73 und dem Ende des Lebens viel näher gekommen ist, bewegt sie sich in einer weiten Landschaft, sie atmet frei.

Sie bauten ein Haus, und ihr kam die Zukunft abhanden. Sie richteten sich neu ein, doch für sie war das Haus leer. Der ältere Sohn war ausgezogen, Rainer verschwand zu seinen Geschäftsterminen und Arne in seinem Zimmer. Er entzog sich ihr, wann immer er konnte. Das Gefühl, abgelehnt zu werden, führte zu unseligen Vergleichen: »Arne ist wie Rainer!« Die Nähe von Vater und Sohn, die sie früher mit Freude beobachtete, machte sie jetzt reizbar, denn sie wandte sich gegen sie. Alles, was ihr wichtig war, zerrann: »Ich hatte gesät, die Saat war aufgegangen, nun fühlte ich mich um die Ernte betrogen.«

Heute fragt sie sich, warum sie nicht früher erkannt hatte, dass sie sich auf einen Nullpunkt zubewegte. Ihr Mann sei für seine Söhne immer schon mehr ein Versprechen gewesen als ein Vater. Und sie habe sich nicht daran gestört, es sogar gefördert. Im Grunde lebte sie den Alltag einer Alleinerziehenden, mit dem Unterschied, dass sie sich um das Geld nicht zu kümmern brauchte. Das, sagt sie, habe ihr Mann »mit Bravour erledigt«.

In ihrer Rolle fühlte sie sich wie »der letzte freie Mensch«. Sie konnte ihre Tage gestalten, wie sie wollte, und ihre Tage waren reich und erfüllt. Sie hatte genug Zeit, die frei war, wenn auch nicht im Übermaß. Sie organisierte den Haushalt, spielte Tennis, las Bücher, ging mit den Kindern auf den Sportplatz oder zum Schwimmen, manchmal rief ihr Mann sie abends um sechs an, Geschäftsfreunde kämen zum Essen, dann zauberte sie was auf den Tisch. Und sie sah das nicht als Beweis einer ängstlichen Ergebenheit gegenüber ehelich auferlegten Pflichten, sondern als Privileg. Sie hätte mit niemandem tauschen mögen.

Nach der Hochzeit hatte sie ihre Stelle als Lehrerin sofort gekündigt. Von ihren Schülern verabschiedete sie sich mit den Worten: »So, jetzt mache ich eine eigene Schulklasse auf.« Sie gebar ihren ersten Sohn, ein Jahr später Arne. Da merkte sie, dass sie nur zwei Hände hatte. Zwei Söhne, für jede Hand einen, das erschien ihr fürs Erste perfekt, denn sie würde wenig Hilfe haben. Sie wollte immer Söhne. Das hatte sie von ihrer Mutter, die in Frauen eher Schlangen sah. Heute hätte sie gern auch eine Tochter gehabt.

Goldblonde Ringellöckchen rahmten Arnes Gesicht, so viele, dass die Leute auf der Straße stehen blieben. Sie trug ihm Gedichte vor: »Es kommt ein goldner Wagen, drin sitzt ein Mann mit goldnen Haaren. Was will er denn? Was will er denn? Er will die Liebste haben.« Beim »goldnen Wagen« und bei den »goldnen Haaren« lachte Arne laut auf. Er konnte sich ausschütten vor Lachen. Etwa, wenn sie Äpfel schälte und die Haut sich als Spirale löste.

Also gab es in dieser Zeit oft etwas mit Äpfeln. Sie las ihren Söhnen oft vor, Arne malte dazu, »sehr expressiv, farbenfreudig, eigenwillig«. Er sei gewesen wie seine Bilder, dazu »ein süßes und fröhliches Kind, ein Seehund, ein Wonneproppen«.

Als er in die Schule kam, wurde er auf dem Pausenplatz verhauen. »Das war mir neu. Das kam völlig unerwartet«, sagt Heike Schmidt. Dass ihr Kind sich nicht durchsetzen konnte und weder als Anführer noch Mitläufer einer Gruppe taugte, sondern im Abseits stand, erwischte sie kalt: »Das wäre mir nun überhaupt gar nie in den Sinn gekommen, dass man Arne nicht mögen könnte. Ich war schockiert.« Sie hatte immer darauf geachtet, dass er auf Spielplätzen mit anderen Kindern in Kontakt kam. Sie dachte, sie hätte ein gutes Fundament gelegt. Sie dachte, dass sie nichts falsch machen könne und nichts schiefgehen werde, wenn sie ihr Kind nur liebe. »Und ich habe meine Kinder geliebt«, sagt sie, »sie waren mir immer das Wichtigste auf der Welt, das Allerwichtigste.«

Arne Schmidt weist die Liebe seiner Mutter nicht zurück. Damit er sie aber aushalten kann, knüpft er sie an Bedingungen: Heike darf weder seinen Dank erwarten noch ihn mit Wünschen bezüglich seiner Zukunft beladen. Hält sie sich daran, will er ihr auch nicht die große Bedeutung vorwerfen, die sie ihm in ihrer Biografie zuschiebt. Denn eine Mutter könne nur dann eine gute Mutter sein, sagt er, wenn sie sich als Regisseurin ihres Lebens begreife, und Heike habe genau das geschafft. Ihre Kinder hätten für sie nicht das Ende der eigenen Freiheit bedeutet, sondern deren Beginn. Nie habe sie die geschrubbten Pfannen gezählt, nie die gebügelten Hemden. Sie habe exakt das getan, was sie für richtig befunden habe, sie sei eine glückliche Hausfrau und Mutter gewesen.

Und dennoch würde Arne seinem Kind, wenn er mal eines haben sollte, eine andere Kindheit wünschen: Er würde es in eine Kita schicken. Er ist aufgewachsen in der Familie als einem Ort der konkurrenzlosen Sicherheit. Viele halten das für einen Code für Glück. Er sieht darin im Rückblick einen Mangel. Er musste sich nie beweisen, nie um seinen Platz kämpfen, sagt er. Darum habe es ihm in der Schule an sozialer Cleverness gefehlt. Und was zu Hause als Stärke galt, Originalität, war für die Lehrer Störung und die anderen Jungs ein Grund, zuzuschlagen. Sodass er sich verstellen musste, um in der Schule einen Platz zu finden. Die maximale Anpassung, die er erbringen konnte, reichte zum »Klassenclown mit guten Noten«.

Kam hinzu, dass die Welt zu Hause geschlossen genug war, um sie als ganze zu nehmen. Arne war überrascht, als einmal alle Kinder ihre Lieblingsmusik vorstellten. *Rivers of Babylon* von Boney M. zum Beispiel, davon hatte er noch nie gehört. Er kam mit *Tauben vergiften*, einem Lied von Georg Kreisler, und mit einem Präludium aus dem *Wohltemperierten Klavier* von Johann Sebastian Bach. Und er war fassungslos, dass er damit nicht den allgemeinen Geschmack traf. Er versuchte die anderen zu verstehen. »Aber die Leitungen waren blockiert«, sagt er, und das sei »eine Formel für Unglück«.

Einen Ausgleich erfuhr dieses Unglück in der Grundschule durch gute Noten, Lob für seine Zeichnungen, eine besänftigende Mutter, den bewunderten Vater, einen Bruder, der ihm und dem er sehr zugetan war, überhaupt eine fröhliche Eitelkeit bezüglich seiner Familie. Ihn persönlich ließen Autos zwar kalt, doch die Strahlkraft, die der Range Rover seiner Eltern in den Augen der anderen Jungs hatte, färbte immerhin ein wenig auf ihn ab. Die Mädchen hingegen schwärmten weiterhin für die guten Fußballspieler, Pech für Arne. Er war zum perfekten Sonderling geformt worden.

Seine Mutter nahm wahr, dass ihr Sohn unter seinen Klassenkameraden litt, und wollte helfen. Sie versuchte ihn von der Renommee-steigernden Wirkung des Sports zu überzeugen, sie war selbst sportlich und hoffte, auch der Sohn würde diesbezüglich Ehrgeiz entwickeln. Skifahren im Winter, Tennis im Sommer, Schwimmen, Fußball, was immer er wollte. »Aber da«, sagt sie, »kam er mir nicht entgegen.« Sie lud andere Jungs zu sich nach Hause ein, damit sie sich fernab von Pausenplatz und Schule begegnen konnten. Sie suchte den Lehrer auf, der stolz von sich behauptete, alle Kinder mit gleicher Strenge zu behandeln und sehr gerecht zu sein. Sie erwiderte, genau das sei sehr ungerecht, wo doch kein Kind sei wie das andere, und traf mit dieser Logik auf eisiges Schweigen.

Dieser Lehrer verlangte militärischen Gehorsam, und Arne hatte dafür keine Nerven. Seine schulischen Leistungen waren konstant gut, doch wirkte er öfter bedrückt, vergaß Dinge, träumte vor sich hin. Manchmal schaute er lange ins Leere und war wie taub. Der Arzt stellte eine Absence-Epilepsie fest.

Nie wird sie diesen Moment vergessen: sie und ihr Mann im Sprechzimmer, Arne draußen vor der Tür. Es klopft. Es ist Arne, der verlangt, bei der Besprechung dabei zu sein. Denn sie betreffe ihn ja am meisten. Heike Schmidt ist bis heute davon beeindruckt, dass ihr damals zehnjähriger Sohn seine Anwesenheit einforderte. Diese Episode zerriss ihre Bedenken, dass Arne zu weich sein könnte für diese Welt. Sie sah darin den Beweis, dass sein Selbstvertrauen trotz aller Demütigungen in der Schule intakt geblieben war. Auch dass er ein Jahr später die Prüfung fürs Gymnasium schaffte, obwohl sein Lehrer ihn nicht dazu vorgeschlagen hatte, stärkte ihren Mut.

Die Diagnose erlebte sie als Wendepunkt: »Sie veränderte alles.« Arne bekam Medikamente, wurde auf einen regelmäßigen, streng strukturierten Tagesablauf verpflichtet, kein Stress, viel Schlaf. Ihr Mann träumte sorgenvolle Träume. Sie drückte den Kummer weg mit einer Zuversicht, die auf Arnes stabiler Grundverfassung gründete. Und mit dem Vorsatz, sich noch eingehender um ihn zu kümmern.

Ihre Unterstützungsfreude wurde allerdings sehr bald ausgebremst, und zwar von ihrem Sohn selbst. Ab der Pubertät empfand er ihre Hilfe nur noch als Einmischung, obwohl er jetzt erstmals in der Schule ins Schlingern geriet. Als er Gefahr lief, ein Jahr wiederholen zu müssen, bestand sie darauf, ihm bei den Hausaufgaben zu helfen. Doch das schätzte er nicht. Wenn er eine gute Note nach Hause brachte, freute er sich nicht. Er sagte, es sei ihre Note, nicht seine.

Sie suchte lange nach einer Familie in Frankreich, bei der Arnes Französisch fließend werden sollte. Arne jedoch gefiel es nicht in diesem Pariser Haushalt mit acht Kindern. Als umgekehrt dann einer der Söhne der Familie während zwei Wochen bei ihnen wohnte, um sein Deutsch zu verbessern, zeigte Arne nicht einmal ein Minimum an Höflichkeit. Er überließ ihn ganz und gar seiner Mutter. Sie fürchtete, dass seine Missachtung nicht René galt, sondern ihr.

Das tat weh. Gleichzeitig fühlte sie sich zur Sorge um Arne verpflichtet. Sie hatte die Ermahnungen des Arztes verinnerlicht. Zu jener Zeit saß sie manchmal lange noch an seinem Bett. Sie wachte über seinen Schlaf und verlor sich in Gedanken. Sie erkannte an, dass er erwachsen werden wollte ohne Einschränkungen von ihrer Seite. Aber was, wenn er sich nicht an die ärztlichen Regeln hielt – es würde böse für ihn enden, sie hatte Angst. Meist entschied sie dann, sich einzumischen.

Als Arne sich entschloss, die Aufnahmeprüfung an der Schauspielschule zu machen, wäre sie ihm gerne beigestanden. Sie kannte den Direktor, das hätte von Nutzen sein können, sagt sie noch heute. Doch er wollte ihre Hilfe nicht. Er ging zur Prüfung, ohne sie zu informieren. Das überforderte ihr Verständnis. Wie nur konnte er, wenn sie ihm etwas geben wollte, glauben, sie beraube ihn?

In den Ohren Arne Schmidts hörten sich ihre Anregungen an wie meckernde Befehle. Er erinnert sich an Übergriffe und Kontrolle. Sie habe sein Zimmer betreten, ohne zu klopfen, er verdächtigte sie, in seinen Schubladen zu wühlen, und einmal entdeckte er in ihrem Sekretär einen Liebesbrief an ein Mädchen seiner Klasse. Es war ein Brief mit der Frage »Liebst du mich?«, »Ja«, »Nein«, »Vielleicht« und mit der Bitte, das Zutreffende anzukreuzen. Er habe seine Mutter gebeten, den Brief zur Post zu bringen, sagt er, doch sie hatte ihn zurückbehalten. Er habe sie daraufhin zur Rede gestellt und noch heute kann er ihre Antwort kaum fassen: »Sie sagte, sie habe mir damit einen Gefallen getan, denn mit einem solchen Brief könne man kein Mädchen für sich gewinnen.«

Als er siebzehn Jahre alt war, konnte Arne die Medikamente gegen die drohende Epilepsie absetzen. Doch bis dahin durfte er keinen Tropfen Alkohol zu sich nehmen. All die Feste, bei denen seine Freunde ihre Unschuld verloren, endeten für ihn Punkt zehn Uhr, wenn die Silhouette seiner Mutter im Türrahmen erschien und sie ihn ins Auto dirigierte. Sie blamierte ihn damit vor allen, so sah er das. Arne reagierte darauf wie sein Vater reagierte, wenn er wütend war: Er wurde nicht laut, er wurde kalt.

Hatte Arne sich in der Grundschule noch um Anpassung bemüht, fand er sich im Gymnasium mit dem Außenseitertum ab. Niemand schien irgendwelche Vorzüge an ihm zu entdecken, also musste er es selbst tun. Seine Erziehung half ihm insofern, als er keine Angst davor hatte, sich malend und schreibend ein eigenes Universum zu schaffen. »Es war eine harte Zeit«, sagt er, »aber ich war entschlossen, sie durchzustehen, und zwar alleine.« Seine Eltern konnten ihm nicht helfen, seine Mutter schon gar nicht. Wenn sie ihn berührte, wischte er die befallene Stelle ab. Von der »panischen Realität«, die sie in seinen Augen um sich verbreitete, von ihrer »Pflichtversessenheit« und ihrer Fixiertheit auf Schulnoten ließ er sich nicht anstecken: »Ihr Leben fand in einem Käfig statt. Sie stand mir vor der Aussicht.«

Wie anders erlebte er seinen Vater. Der ermutigte Arne, nach den Sternen zu greifen. Und wenn sich dabei Angst oder Zweifel einstellen sollten, lehrte Rainer seinen Sohn, das sei kein Grund zur Umkehr, sondern im Gegenteil ein sicheres Zeichen, dass er sich auf spurenfreiem Neuland befinde. »Meine Mutter zählte jeweils Risiken auf, mein Vater blendete sie aus. Meine Mutter hielt sich an Regeln, mein Vater veränderte sie.«

Natürlich hoffte seine Mutter auch, dass Rainer seinen Einfluss als Vater nutzen würde, um bei Arne Interesse etwa für ein Wirtschaftsstudium zu wecken. Doch der tat das Gegenteil: Er machte ihn frei und ermutigte ihn, die Erwartungen anderer zu missachten. Er lebte vor, wie man sich selbst neu erfindet – vom Werber zum Unternehmensberater, zum Maler und zum Seminarleiter für Manager. Gegen einen solchen Vater in Opposition zu gehen, wäre Arne absurd erschienen. Dass er sich für den Beruf des Schauspielers entschied und nicht zum Beispiel fürs Malen, hatte insofern mit seinem Vater zu tun, als er einen Ort suchte, wo er den Vergleich mit ihm nicht scheuen musste, weil es ihn nicht gab.

Als die Ehe seiner Eltern sich in einen zähen Krieg verwandelte, nahm Arne das mit Überraschung zur Kenntnis. Heike und Rainer waren in seinen Augen immer ein perfektes, elegantes Paar gewesen, das zusammen Bridge spielte oder Tennis. Dass öfter mal eine arktische Atmosphäre zwischen ihnen herrschte, war ihm zwar nicht entgangen. Die Scheidung überraschte ihn dennoch, erschien ihm allerdings die vernünftigste Reaktion. Fünf Jahre früher hätten ihn wohl noch Untergangsängste befallen, sagt er, weil die Familie für ihn trotz allem eine Insel in einem feindlichen Ozean war. Jetzt, nach dem Abitur, war er dabei, sich in seiner neuen Freiheit einzuüben. Er blickte nach vorn und hatte kein Verständnis für seine Mutter, die haderte. Nach Jahren, in denen sie sich viel zu stark um ihn gekümmert hatte, waren die Rollen plötzlich vertauscht: Jetzt hätte sie Zuneigung brauchen können. Doch auch die geänderten Vorzeichen brachten ihre Beziehung nicht wieder ins Lot.

Arne wohnte damals noch zu Hause, und es konnte ihm nicht entgehen, dass seine Mutter litt. Einmal sah er sie heulend auf dem Bettrand sitzen. Das war zwar schlimm, aber konnte er darauf Rücksicht nehmen? Nein, lautete damals seine Antwort. Heike hatte geheiratet, Kinder bekommen, sie großgezogen, nun stand die Scheidung an. Come on, der Lauf der Dinge. Seine Mutter war nicht fit für den Wandel, not ready for the new thing, was wollte er ihr da helfen.

Die Ehrlichkeit von Kindern ist oft schonungslos, aber auch ahnungslos und darum erträglich. In der Jugend schlägt sie in brutale Härte um. Heike Schmidt hatte gehofft, dass ihre Söhne sich gegen eine Trennung wehren würden. Doch beide verhielten sich, als seien sie unbeteiligt. Sie erinnert sich, wie Arne sie eines Abends weinen sah. Sein Gesicht zeigte einen Widerwillen, der an Verachtung grenzte, und er sagte: »Ich weiß nicht, was du hier noch willst.« Das war hart – und hilfreich.

Denn sie war in eine Spirale von Selbstmitleid und Selbstbeschuldigungen geraten. Ihre Ehe war zwar schon seit einiger Zeit keine Idylle mehr, aber ihre Routinen funktionierten noch – jahrelang stieg und fiel ihr Wohlbefinden mit demjenigen ihres Mannes. Geht es Rainer gut, geht es mir gut, war ihre Devise. Sie ließ zu, dass seine

Stimmung alle dominierte. Hatte sie ein Problem, etwa mit den Kindern, sagte Rainer: dein Problem. Und sie akzeptierte das. Zwar hatte sie viel und gern geredet, doch heikle Themen immer vermieden. Und nun lag ihre Ehe definitiv in Trümmern, sie konnte die Fassade nicht mehr aufrechterhalten. Ihre Söhne, die Sonnen ihres Lebens, verließen sie ebenfalls. Und in dieser aufgewühlten Verfassung knallte Arne es ihr nochmals hin: So ist es. Beweg dich.

Das tat sie dann auch. Sie verkaufte das Haus, nahm sich eine schöne Altbauwohnung in der nahen Stadt und begann, Psychologie zu studieren.

Arne Schmidt mied jetzt die Mutter. Er verbrachte viel Zeit mit Rainer. Und mit der Nähe wuchs die Fähigkeit zur Distanz. Er entdeckte Seiten an seinem Vater, die er bei sich nicht weiter kultivieren wollte. Bei aller Lockerheit zeigte Rainer sich zum Beispiel als ein Verlierer, der dem Sieger eine Niederlage nicht verzieh. Und Arne stieß bei seinem Vater hinter all den Funken heiteren Esprits auf eine grundlegende Barriere. Eine Zurückhaltung, die nicht zu überwinden war, auch nicht für den eigenen Sohn. Sein Vater scheine über eine eingebaute Kammer zu verfügen, in die er sich zurückziehen könne. Das ist Arne nicht fremd. Nur, sagt er, habe er keine Familie gegründet, bei deren Mitgliedern die väterliche Distanz notwendig Enttäuschung provozieren müsse. Arne konnte allmählich nachvollziehen, warum seine Mutter bei der Erwähnung des Vaters manchmal mit Wut reagierte.

Es ist heute 24 Jahre her, dass Heike ihn fragte, ob er bereit wäre, ihr als Testperson für eine Semesterarbeit in ihrem Psychologiestudium zu dienen. Er überlegte und sagte zu. So kamen sie nach einem über dreijährigen Schweigen wieder ins Gespräch. Und Arne Schmidt stellte zum ersten Mal fest, dass er mit seiner Mutter reden konnte. Anders als mit seinem Vater zwar. Abstraktionen lasse sie nicht gelten, am besten werde man persönlich, klar, konkret. »Sie widerspricht und will Widerspruch, sie erwartet ihn förmlich. Lässt man sie ins Leere laufen, wie es Rainer oft getan hat, fühlt sie sich betrogen.«

Arne konnte ein freundlicheres Bild seiner Mutter zulassen. Er sah nicht mehr nur ihre Wohlerzogenheit, er bemerkte auch ihre anarchische Seite. Die spielte sie zum Beispiel gegenüber diesem großspurigen Geschäftsfreund seines Vaters aus, der frohlockte: »Ich habe mich verändert, Frau Schmidt!« Darauf sie: »Das ist offensichtlich, Herr Liep. Sie sind viel dicker geworden.« Oder kürzlich rannte sie ihm entgegen, mit roten Wangen und Sonnenblumen im Arm, die sie von einem Feld gestohlen hat, zusammen mit ihrem neuen Freund. »Allerdings«, sagt er, »muss meine Mutter sich schon sehr sicher fühlen, um derart vom Weg abweichen zu können.«

Heike Schmidt wirft ihre Haare mit Schwung zurück. Sie ist noch immer froh, dass sie damals in dieser Semesterarbeit die Gelegenheit erkannte, das Eis zwischen sich und Arne zu brechen. Seither halten sie sich gegenseitig auf dem Laufenden und pflegen eine distanzierte Nähe. Sie reden miteinander über sich und die Welt und über ihre alten Missverständnisse, die jederzeit wieder aufbrechen können. Er fühle sich immer mal wieder von ihr gegängelt, sagt sie, obwohl sie geklärt zu haben glaube, dass sie meist nur als Anstoß verstehe, was bei ihm als Bevormundung ankomme. »Ich mache Vorschläge und sage meine Meinung, oft ungefragt, das stimmt. Aber doch nur, um ins Gespräch zu kommen.«

Sie bemüht sich inzwischen, ihre Ausdrucksweise anzupassen. Sie wählt ihre Worte vorsichtiger. Nicht immer gelingt das, und wenn sie doch wieder einmal mit der Tür ins Haus fällt, wehrt er sich auf seine heftige Art. Die Schonungslosigkeit, mit der er sich Raum verschafft und sie abschmettern kann, trifft sie immer noch jedes Mal ins Herz. Manchmal merkt er es und ruft dann bei ihr an, um sich zu entschuldigen.

»Ja, ich rufe meine Mutter jetzt öfter mal an«, sagt Arne Schmidt. Das sei das Zugeständnis, das er mache, nach dem Zusammenstoß an Weihnachten, als seine Mutter sich beklagte, sie könne sich auf ihre Söhne nicht verlassen, bekäme kaum Besuch von ihnen und überhaupt. Da habe er zurückgebellt, ihr Verhalten steigere seine Geberfreude keineswegs, und wenn sie enttäuscht von ihren Kindern sei, so sei das ihr Problem. Sie könne seine Aufmerksamkeit nicht herbeibefehlen und von ihm weder Dankbarkeit erwarten noch dass er ticke wie sie.

Als junge Frau hatte Heike Schmidt die Vorstellung, sie könne bei ihren Kindern Spuren hinterlassen wie in frisch gefallenem Schnee. Aber dann hielt sie ihren neugeborenen Sohn in den Armen und spürte, dass der sein ganz eigenes Wesen schon mitbrachte. Manchmal widersteht sie der Versuchung trotzdem nicht, in ihm nach sich zu suchen. Und muss dann feststellen, sie hat sich nicht sehr durchgesetzt: »Weder im Aussehen noch in Arnes Lebensweise.« Auch deswegen bedauert sie, nicht noch weitere Kinder bekommen zu haben: »Ich hätte mich«, sagt sie, »wohl gerne breiter aufgefächert.«

Bruder Kuckuck

Jonathan Willett (19) und seine Mutter Tessa Korber (47) verzichteten für das Zusammenleben mit dem autistischen Simon auf Schlaf, Kindheit, Ehe und Verstand. Das Leben mit dem behinderten Bruder und Sohn schweißte sie zusammen. Ein fataler Haushalt zu dritt, und als die Mutter einen neuen Partner nach Hause brachte, wurde erst mal alles noch schlimmer.

Tessa Korber hat einen interessanten Beruf und einen interessanten Mann, mit dem sie alle großen und kleinen Dinge bespricht und sich gern streitet, zusammen pflegen sie einen netten, klugen Freundeskreis. Heute, mit 47 Jahren, führt sie das Leben, das sie sich mit 27 ausgemalt hat. Mit einem Unterschied: Sie hat zwei Söhne, die sie über alles liebt. Und einer der beiden, Simon, ist Autist und hat sie in den letzten zehn Jahren an ihre Grenzen gebracht.

Tessa Korber verbringt nur noch zwei Wochenenden pro Monat mit Simon. Der Dreizehnjährige lebt seit einem Jahr in einem Heim. Aber noch heute fürchtet sie sich vor den gemeinsamen Stunden. Denn sie weiß, dass sie nie weiß, was auf sie zukommt.

Sie holt Simon mit dem Auto ab. Wenn er dann vor ihr steht, schließt sie ihn in die Arme und spürt Glück. Er ist ihr Sohn. Auf der einstündigen Fahrt zu ihr will er immer wieder das gleiche Lied hören, im Moment ist es *Storm Front* von Billy Joel. Plötzlich schreit Simon: »Ich will nach Hause.« So fangen die Schwierigkeiten an. Wo ist für ihn zu Hause? Meint er das Haus, wo er die ersten acht Jahre seines Lebens verbrachte und dessen Adresse er auswendig lernen musste für den Fall, dass er verloren gehen würde? Meint er das Heim? Oder die Wohnung seines getrennt von ihr lebenden Vaters? Oder meint er ihre Wohnung? Simon beantwortet keine Fragen.

Eine Stunde hält er es bei ihr aus. Er räumt in dieser Zeit den Kühlschrank und das DVD-Regal aus und bröselt alles voll. Dann gehen sie schwimmen, ins immer gleiche Schwimmbad. Immer gleich hilft. Wenn Simon manchmal nicht ins Wasser geht, sondern zum Beispiel in die Sauna flüchtet, bricht bei ihr der kalte Schweiß aus, denn er fasst fremde Menschen gerne unvermittelt an. Die Stunden mit ihm sind eine Kette von mal peinlichen, mal gefährlichen und oft unverständlichen Handlungen. Dass sie ihn nicht lesen kann, empfindet sie als die größte Anstrengung überhaupt. Abends fährt Tessa Korber ihren Sohn erschöpft ins Heim zurück, wieder eine Stunde mit *Storm Front* von Billy Joel. Den nächsten Tag verbringen sie mit dem gleichen Programm.

Simons Bruder Jonathan Willett ist ein neunzehnjähriger, blauäugiger, blonder, junger Mann. Er wirkt auf den ersten Blick ein wenig unsicher und sympathisch. Doch wenn er mit schonungsloser Nüchternheit von seinem Leben neben Simon erzählt, öffnen sich Abgründe.

Schon der Kindergarten habe Simon in Stress versetzt, sagt Jonathan Willett. In der Schule sei er sich dann völlig abhandengekommen: »Die neuen Lehrer, die Kinder, Räume – das war alles zu viel für ihn.« Auch zu Hause wurde er immer seltsamer. Er geriet in Panik, wenn seine Mutter das Zimmer verlassen wollte. Er zerlegte in Einzelteile, was ihm in die Finger kam: Bücher, Pflanzen, Kugelschreiber oder Fernbedienungen. Ließ man ihn unbeaufsichtigt, kletterte er aufs Dach oder lief davon und stand plötzlich schreiend mitten auf der Straße oder bei den Nachbarn im Wohnzimmer. Er habe kaum je gestritten mit seinem Bruder, sagt Jonathan Willett, er habe ihn beschützt und beaufsichtigt.

Simon bohrte Löcher in die Matratze und pinkelte rein, er pinkelte auf den Boden, in den Schaukelstuhl oder an die Wand. Die Zähne musste man ihm unter Zwang putzen. Er nagte Löcher in seine Kleider und zog sich immer wieder aus. Beim Essen sprang er alle paar Sekunden vom Tisch auf und lief weg, kam mit einer Packung Salz zurück und schüttete sie über seinen Teller. Oder er schnappte sich die Ketchupflasche und verschmierte Fußboden und Schränke.

»Es gab Lichtblicke, in denen Simon zeigen konnte, dass er Gefühle und Gedanken hat«, sagt Jonathan Willett, »und dass er eigentlich versteht, wozu Sprache gut ist.« Seine Mutter praktiziere mit Simon gestützte Kommunikation. Dabei nimmt sie seine Hand und hilft ihm, auf einer Buchstabentafel die richtigen Buchstaben auszuwählen und sich so auszudrücken. »Auf diese Weise hat er einmal gesagt, dass er zornig sei, weil ich normal bin«, sagt Jonathan Willett. Oder er formulierte seine Meinung zur Todesstrafe: »Ich bin dagegen, weil jeder am Gefängnis genug hat.« Und einmal habe er seiner Mutter gesagt: »Ich liebe dich nicht, aber ich möchte es mal können.« Dieser Satz ist zum Titel des Buches geworden, das Tessa Korber über Simon geschrieben hat.

Meist jedoch war kein Zugang zu ihm möglich. Jonathan Willett hörte seinen Bruder lachen, schreien, er sah, wie er um sich schlug oder Gegenstände herumwarf, wusste jedoch nicht, weshalb. »Es ist wie Rätselraten«, sagt Jonathan Willett. Er sei von allen in der Familie noch am ehesten in der Lage, Simons verwinkelte Gedankengänge nachzuvollziehen. Einmal zum Beispiel riss Simon sich auf einem Waldspaziergang die Kleider vom Leib, sprang herum, ruderte mit den Armen und schrie dazu laut: »Holt die Polizei! Holt die Polizei!« Jonathan Willett beobachtete seinen Bruder und sah, dass seine nackten Füße in den Gummistiefeln hin und her rutschten. Vielleicht hat er eine Blase und ruft nach der Polizei, weil die ihn schon mehrmals nach Hause gebracht hat. »Ich habe ihn dann hingesetzt, ihm die Stiefel ausgezogen und erklärt, er könne barfuß gehen. Da war er wieder quietschfidel.«

Doch oft hat man keine Chance herauszufinden, was Simon in Aufregung versetzt. Er unterscheidet nicht zwischen Gegenwart und Erinnerung. Ein drei Tage altes Erlebnis kann plötzlich eine absolute Dringlichkeit entwickeln. »Und dann steht man ratlos neben ihm. Es ist sehr anstrengend, Zeit mit Simon zu verbringen«, fasst Jonathan Willett zusammen, »er kostet einen mehr Energie, als man hat.«

»Simon war ein sonniges Baby«, sagt Tessa Korber, »sonniger als Jonathan.« Ihr älterer Sohn habe schon sehr früh in sich gekehrt gewirkt. Mit fünf Jahren fragte er sie, ob die Welt wirklich sei oder nur seine Vorstellung. »Er war noch ein Knirps, als er behauptete, er sei zum Denken geboren.« Tessa Korber sitzt am Esstisch ihrer praktisch eingerichteten Wohnung und erzählt ihre Geschichte mit großer Klarheit. Sie wirkt so nachdenklich wie stolz, wenn sie sich an ihre ersten Jahre als Mutter erinnert.

Sie hatte keine Familienträume, bis sie ihren Ex-Mann kennenlernte. »Da schien mir auf einmal Theodor W. Adornos Diktum erfüllt, dass die Freude am eigenen Leben der einzig legitime Grund sei, ein Kind zu bekommen.« Sie wollte zur universitären Kopfarbeit auf Distanz gehen, sie liebte einen Mann, sie wünschte sich ein Kind. Alles passte.

Als Jonathan zur Welt kam, war sie 28, eine für ihr soziales Umfeld und jene Zeit junge Mutter. Sie zogen aufs Land in ein Haus mit Garten, Hasen, Katzen und Meerschweinchen. Sie und ihr Mann arbeiteten als Werbetexter. Sie promovierte nebenbei mit summa cum laude, fing an, Romane zu schreiben, und war erfolgreich damit. »Und weil wir nicht so ein kostbares Einzelkind wollten, sondern gerne mehr Leben, mehr Chaos, kam sechs Jahre später Simon dazu.« Für ein paar Jahre waren sie tatsächlich eine ziemlich glückliche Familie.

Im Alter von drei Jahren zeigte Simon erste Auffälligkeiten. Einmal fragte er seine Mutter einen Tag lang: »Bist du eine Treppe?« Sie sagte: »Nein, ich bin deine Mutter.«

Simon wieder: »Bist du eine Treppe?«

Sie nahm ihn bei der Hand und führte ihn zu einer Treppe: »Schau, Simon, das ist eine Treppe.«

»Bist du eine Treppe?«

»Wie meinst du das, ob ich eine Treppe bin?«

»Bist du eine Treppe?«

Es wurde schwieriger, mit ihm zu spielen. Einen Ball zuwerfen konnte man ihm noch ein- oder zweimal, schon lief er davon. Anderen Kindern warf er sich manchmal an den Hals. Dann roch er an ihnen oder versuchte sie auszuziehen. Sie suchte nach Erklärungen und fand sie. Er hat Freude an dadaistischen Sprachspielen. Er hat eine schlechte Phase. Er leidet unter vorübergehender Lustlosigkeit. Zugleich vermied sie mehr und mehr, was ihn überfordern oder gar in Schrecken versetzen könnte: Hunde, Gedränge, Jahrmärkte, ungewohnte Wege. Doch im Kindergarten und später in der Schule verhielt sich Simon so eigenartig, dass sie Hilfe suchte. Nach einigen Abklärungen stand fest, dass er an Autismus leidet.

Die Suche nach Erklärungen war damit beendet, nicht aber die Krankheit. Die wurde stärker. Simon kam fast gar nicht mehr zur Ruhe, und mit ihm auch seine Eltern und Jonathan nicht. Tessa Korber erinnert sich, wie sie sich im Dunkeln dicht an Simons Körper legte, um ihm ein Gefühl von Sicherheit zu geben. »Da lag ich manchmal zwei oder drei Stunden und wartete, bis er endlich einschlief.«

Oft wachte Simon mitten in der Nacht auf und ging im Kreis herum und schrie. Oder er schrie nicht, sondern fragte ohne Unterlass: »Wann wird es Tag? Wann wird es Tag? Wann wird es Tag?«

Simon raubte seinen Eltern den Schlaf und kostete sie jede freie Minute. Natürlich habe sie, solange sie die Kraft noch gehabt habe, alles darangesetzt, dass Jonathan neben seinem behinderten Bruder nicht zu kurz komme, sagt Tessa Korber, zumal Jonathan über kein fröhliches Gemüt zu verfügen schien. Sie erinnert sich, wie er kurz nach der Geburt seines autistischen Bruders zu seinen Eltern gesagt hatte: »Mama, Papa, ich würde jederzeit mein Leben für euch geben, und ich hoffe, dass das bald geschieht.« Ein Sechsjähriger mit Todeswunsch, sie erschraken. Doch eine Psychologin beruhigte sie. Es sei genug Positives in Jonathans Leben, die Gedanken über den Tod seien Gedankenspiele.

Zu jener Zeit hat Jonathan Willett damit angefangen, seine Zimmertür zu verriegeln. Und bis heute brauche er breite Ränder um sein Leben, sagt er. Wenn er nach Hause komme, müsse er sich zurückziehen. »Ich gelange nur zur Ruhe, wenn ich nicht das Gefühl habe, dass mich jemand überraschend stören könnte.« Darum drehe er den Schlüssel immer um.

Dieser gesicherte Rückzug in sein Zimmer fiel für Jonathan Willett weg, nachdem die Krankheit seines Bruders ausgebrochen war. »Denn ein Leben mit einem Autisten ist ein Leben in Daueralarmbereitschaft.« Ein anderer hätte sich da vielleicht erst recht in seinem Zimmer eingeschlossen. Er hingegen fühlte sich verpflichtet, seinen Eltern und seinem Bruder beizustehen. »Ich hatte schon damals das Helfersyndrom«, sagt Jonathan Willett, aber auch: »Das war das Schlimmste, was Simon mir angetan hat, er hat meine Ruhe, mein Paradies zerstört.«

Dabei wollte seine Mutter ihn schonen. Er erinnert sich, dass ihn das wütend machte. Noch heute kann er diese in seinen Augen falsche Rücksichtnahme nicht verstehen: »Wie hätte ich mich da ausklinken sollen? Die Anspannung überträgt sich ja, auch wenn man nicht direkt verantwortlich ist.« Ging seine Mutter mit Simon spazieren, war er in Sorge. »Denn ich wusste, sie geht womöglich gerade durch die Hölle.«

Obwohl Tessa Korber sah, dass Jonathan neben Simon litt, vermochte sie es nicht, sich so um ihn zu kümmern, wie er es gebraucht hätte. »Es hat an Aufmerksamkeit gefehlt in Jonathans Kindheit«, sagt sie, »die ist an Simon gegangen. Und es hat an Leichtigkeit gefehlt, an der Sicherheit, dass er Kind sein darf und dass die Erwachsenen im Hintergrund das Leben für ihn regeln.«

Einmal sollte Jonathan die Mitglieder seiner Familie als Tiere darstellen. Simon zeichnete er als Kuckuck. »Er erklärte das so«, sagt die Mutter, »dass dieser Vogel immer größer wird und seine Eltern unter der Anstrengung, ihn durchzufüttern, zusammenbrechen.« Sie sah in diesem Kuckuck einen Vogel, der seinen Bruder verdrängt. »Jonathan hat diese Interpretation nie bestätigt.« Sich habe er als Kaninchen gezeichnet, »beobachtend, und immer fluchtbereit«, so Jonathans Kommentar. Der Vater war ein Maulwurf, »ein Tier, das sich blind für Probleme vergräbt«. Die Mutter war für den zeichnenden Jonathan ein

Kamel, »wegen der Ausdauer, mit fast nichts ziehst du durch eine endlose Wüste«. Tessa Korber findet dieses Bild von sich nicht falsch, aber auch nicht richtig. Zu oft habe Jonathan sie vollkommen erschöpft und ohne Lebensmut erleben müssen. Und am Ende war die Wüste zu groß für sie.

Dass sie sich von ihrem Mann scheiden ließ, als Jonathan vierzehn und Simon acht Jahre alt waren, hält sie auch rückblickend für richtig. Ihre Beziehung war unter dem Stress mit Simon körperlich wie geistig verdorrt. Und sie konnten einander in der schwierigen Situation nicht stützen. Im Gegenteil. Er warf ihr vor, sie verausgabe sich zu sehr; sie warf ihm vor, er lasse sie mit der Aufgabe, Simon zu lieben, allein.

Ihr Alltag mit Simon wurde dadurch nicht leichter, dass sie ihren Mann verließ. »Wenn möglich, bin ich morgens aufgestanden und wieder ins Bett gekrochen, sobald die Buben in der Schule waren.« Jonathan sollte nicht sehen, wie seine Mutter das Leben verschläft. Aber nicht einmal das habe sie immer geschafft. Jonathan wuchs mit einer Mutter auf, die stets am Rande des Zusammenbruchs taumelte. Er erlebte, wie sie sich in ihrem Zimmer einschloss und dort weinte. Oder wie sie Simon festhielt und anschrie, wenn sie weder ein noch aus wusste.

Tessa Korber ist nicht entgangen, dass Jonathans ohnehin schwierige Situation nach ihrer Scheidung noch schwieriger wurde. Jetzt durfte er nicht nur nicht mühsam sein, weil schon ein anderer mühsam war, jetzt musste er seiner Mutter auch noch den Partner ersetzen, denn es war niemand anders da, mit dem sie hätte reden können.

Jonathan fügte sich so vollendet in seine Rolle, dass Tessa Korber heute noch sagt: »Wenn er zwanzig Jahre älter wäre und nicht mein Sohn, dann wäre er der ideale Partner für mich.« Einmal bekannte sie ihm: »Jonathan, du bist die einzige Liebe in meinem Leben, an der ich nie gezweifelt habe.«

Ihr Sohn war in diesen vier Jahren, die er mit seiner Mutter und seinem Bruder in einer Wohnung verbrachte, ein Teenager. Und er war in fast jedes Geheimnis seiner Mutter eingeweiht. Er wusste, dass sie manchmal mit dem Gedanken spielte, mit Simon auf ein Hochhaus zu steigen und runterzuspringen. »Jonathan hat oft Angst um mich gehabt«, sagt Tessa Korber.

Ja, sagt Jonathan Willett, seine Mutter sei manchmal erst aufgestanden, wenn er am Mittag von der Schule nach Hause kam. Er habe jeweils gedacht, sie sei krank, und ihr Tee ans Bett gebracht. »Bis ich gemerkt habe, dass ihr einfach die Kraft fehlt, aufzustehen.«

Seine Mutter sei zwar der geduldigste und vielleicht unerschütterlichste Mensch, den er kenne. »Doch fordert sie von sich immer mehr, als sie leisten kann, und dann bricht sie zusammen. Hörsturz, Bandscheibenvorfall, Depression, Schwindelgefühle, Ohnmacht auf offener Straße, Nervenzusammenbruch.«

Beim jahrelangen Flirt seiner Mutter mit dem Tod sei er sich eigentlich stets sicher gewesen, dass sie diesen Gedanken nie umsetzen würde. Dennoch war es entlastend, dass er und seine Mutter einander eines Tages nach einem Gespräch über das Sterben das Versprechen gaben, dass keiner sich umbringen werde, bevor es der andere tue.

»So sind wir aneinander gefesselt. Und die Angst ist gebannt, dass der eine freiwillig vor dem anderen gehen könnte.«

Jonathan Willett sagt, dass er sich von seiner Mutter immer schon erkannt gefühlt habe. Aber in den vier Jahren mit ihr und Simon allein entstand eine ungewöhnliche Nähe zwischen Mutter und Sohn. »Wir haben alles miteinander geteilt, den Stress mit Simon, die Wut auf Simon, die Ruhe vor Simon. Und die Hoffnung, wenn Simon einen Fortschritt machte; wenn er zum Beispiel Vertrauen zeigte zu einer Person außerhalb der Familie. Wir haben uns gefreut und uns gestützt, und wir haben gemeinsam geweint, wenn wir nicht mehr weiterwussten. Für Geheimnisse war kein Platz mehr.«

Noch heute fühlt er sich am zwangslosesten in Gegenwart seiner Mutter. Bei ihr müsse er weder gewinnend lächeln noch Begeisterung zeigen für etwas, was ihn in Wirklichkeit nicht interessiere. Auch von der Angst, einen Fehler zu machen, fühle er sich befreit. »Die Mischung aus Arroganz und Schüchternheit, die mich im Umgang mit anderen befällt, kennt sie aus eigener Erfahrung. Sie versteht mich, und sie erlöst mich davon.«

Kontakt zu anderen Menschen sei zwar wunderbar, sagt Jonathan Willett, allerdings auch sehr anstrengend. Also hat er sich in der Schule immer große Mühe gegeben, eine graue Maus zu sein. Aus Angst, gemobbt zu werden. Oder, noch schlimmer, weil jemand versuchen könnte, sein Freund zu werden. Er wollte Abstand zu seinen Schulkameraden. Nie sollte einer bei ihm anrufen und fragen: »Wollen wir etwas zusammen machen?«

Als vor zwei Jahren die Polizei morgens um vier anrief, Jonathan sei betrunken in einem Fensterschacht gefunden worden und müsse abgeholt werden, war Tessa Korber erfreut. Es war sein erster Rausch. »Endlich verhielt er sich einmal wie ein ganz normaler Siebzehnjähriger.« Leider erwachte mit der Nüchternheit am nächsten Tag auch wieder seine Vernunft. »Er sagte, die Erfahrung sei nicht so gewesen, dass er sie wiederholen möchte.«

Tessa Korber ist auch eine der wenigen Mütter, die ihren Sohn lieber mit Zigarette sehen als ohne. Mit wirke er so erwachsen, findet sie, vor allem scheine er ganz bei sich zu sein und für niemanden sonst da, wenn er den Rauch einziehe und wieder ausstoße. Dass Jonathan das Leben einfach nur genieße, sei ein Zustand, in dem sie ihn selten erlebe. So selten, wie er eine Zigarette zwischen den Fingern hält.

Jonathan habe keine leichte Schulzeit gehabt, sagt sie. Bei den Gesprächen mit seinen Lehrern segelte sie zwar von einem Triumph zum nächsten. Für seine schulischen Leistungen gab es nur Lob. »Doch er brachte nie einen Freund nach Hause, denn er hatte keinen.« Kürzlich hat er ihr erzählt, wie er die Pausen verbracht hatte: In der Grundschule lief er auf einer Linie am Boden hin und her, im Gymnasium ging er in die Bibliothek. »Er wurde nicht einmal ausgeschlossen, er war von Natur aus ein anderer«, sagt Tessa Korber. Er war unfähig, den Geschmack seiner Altersgenossen zu teilen, und unwillig, zu ihren Themen etwas beizutragen.

Da war zum Teil Hochmut im Spiel, aber auch Befangenheit. Jonathan hatte Angst, nicht bestehen zu können, vermutet seine Mutter. Mit fünfzehn sei er einmal verzweifelt zu ihr gekommen: »Ich verstehe die Interaktionsmuster einfach nicht!« Ein Satz, den sie nie vergisst, auch wenn sie sich inzwischen mit Blick auf ihre eigenen Jugendjahre beruhigt. »Ich war ebenfalls völlig vergebens jung«, sagt sie. »Erst im Studium bin ich das Gefühl losgeworden, überall fremd und am falschen Ort zu sein.«

Doch als Jonathan damals den Verdacht äußerte, er könnte unter einer schwachen Form des Asperger-Syndroms leiden, einer Variante von Autismus, fürchtete sie sich sehr. Zum Glück war das Testergebnis negativ und ergab, dass Jonathan empathisch und in hohem Maße schwingungsfähig ist. Tessa Korber sagt, sie habe vor dem Ergebnis der Untersuchung wohl mehr Angst gehabt als Jonathan, weil sie nicht wusste, ob sie es verkraftet hätte, noch ein zweites Kind an den Autismus zu verlieren.

Zweimal ließ auch Jonathan Willett es knallen. Beim ersten Mal griff er zum Hammer und bearbeitete damit sein Zimmer. Ein Versuch, seiner Mutter zu zeigen, dass etwas nicht in Ordnung war mit ihm: »Aber bei dem Leben, das wir führten, kam es auf ein verwüstetes Zimmer mehr oder weniger nicht an.« Seine Mutter sei nicht weiter auf den Vorfall eingegangen. Beim zweiten Mal sagte er ihr ins Gesicht: »Ich hasse dich.« Er warf ihr vor, dass sie Simon für alle Probleme verantwortlich machte, dass sie seinen Vater verlassen hatte und dass sie eine Egoistin sei. »Für meine Verhältnisse war ich erstaunlich dezidiert. Mir war klar, ich musste etwas unternehmen: Nur weg hier.«

Er wusste schon damals, dass der momentane Hass auf seine Mutter getrieben war von Eifersucht. Seine Mutter hatte einen neuen Partner gefunden. Und er fühlte sich verraten, entthront und infrage gestellt. Denn dieser Freund war komplett anders als er. »Mein Credo war immer: Rücksicht und Schonung. Nie den Frust an anderen auslassen. Hast du ein Problem, komm darüber hinweg und schau, dass du wieder einsatzbereit bist.« Offene Auseinandersetzungen habe er immer gemieden. Jetzt aber habe seine Mutter einen Freund, der ständig den Konflikt suche und die ganze Welt mit seinem Missmut konfrontiere. Und wenn er keine Argumente mehr habe, mache er mit Beleidigungen weiter. »Meine Mutter mag das erfrischend finden, ich finde es nur kindisch und anstrengend.«

Als der Neue bei der Mutter einzog, zog Jonathan zu seinem Vater. Seine Mutter habe gezögert, ob sie ihm diesen Wechsel abverlangen könne. Er ist heute froh, dass ihm der Wegzug nicht erspart blieb. So habe er seinen Vater kennengelernt, den er stets als teilnahmslos erlebt habe. Doch dessen Liebe für Simon und ihn sei genauso groß wie die seiner Mutter. Nur setze sein Vater seine Energie anders ein.

Und jetzt zieht es Jonathan, der sich während seiner Kindheit und Jugend in einer festgefahrenen Situation eingerichtet hatte, noch weiter hinaus in die Welt. Derzeit macht er ein Praktikum in einem Verlag, demnächst fliegt er für ein Jahr nach Chile, um dort in einem Behindertenheim zu arbeiten. Dann will er International Business studieren und Japanisch.

Tessa Korber sieht, dass Jonathan aufblüht, seit er von ihr fort ist, und erträgt es mit Freude. Sie vermutet trotzdem, dass er – wie sie – noch von Schuldgefühlen gegenüber Simon bestimmt wird. »Kaum war sein Bruder im Heim, fing er an, mit Behinderten zu arbeiten, wahrscheinlich um eine Art Buße zu tun«, denkt Tessa Korber. Doch sie ist stolz, dass er das Jahr in Chile wagt. »Er musste so viel ein- und zurückstecken in seiner Kindheit und Jugend, dass er nicht in der Haltung des Eroberers in die Ferne reist.«

Dass Jonathan ihr sagte, dass er sie hasse, hat sie nicht vergessen, aber längst verziehen. »Das war die erste und einzige Auseinandersetzung, die wir je hatten. Dieser Streit war Jonathans Pubertät.« Damals traf er sie mit diesen Worten jedoch mitten ins Herz. Als er auszog, war sie verzweifelt: »Ich wollte wenigstens zu einem Kind eine heile Beziehung haben.«

Stattdessen hatte sie einen neuen Mann an ihrer Seite, der nach einem halben Jahr unter ihrem gemeinsamen Dach erklärte, dass er bezweifle, dass sie es schaffen würden, dieses Leben zu dritt, mit Simon. Da brach sie zusammen. Sie verbrachte drei Monate in einer Klinik, um sich zu erholen.

Mit ihrem Partner habe sie tatsächlich den Streit als Form der Begegnung entdeckt, sagt Tessa Korber, »obschon es meist so ist, dass er Streit sucht und ich ihn vermeiden will«. Vor allem aber hat sie wieder einen Mann an ihrer Seite, der sie ermuntert, Mascara zu benutzen, und ihr zeigt, dass zur Liebe auch das Begehren gehört. Sie hat einen Mann, und sie hat einen Sohn, Jonathan, zu dem das Verhältnis nicht besser sein könnte. »Wir gehen zusammen essen oder in Buchhandlungen und reden über das Leben und unsere Arbeit.« Wenn Jonathan zu Besuch ist, sei sie gelöster, habe ihr Partner mit leichter Verärgerung bemerkt. Die beiden Männer mögen einander immer noch nicht.

Seit einem Jahr hat Tessa Korber sehr viel mehr Zeit. Doch Simon beherrscht sie auch in seiner Abwesenheit. Ein autistisches Kind und die starken Gefühle für und gegen es seien wie eine Sucht, die man nicht ohne Weiteres loswerde: »Simon ist immer bei mir, ohne Simon bin ich nicht zu haben.« Sie fühlt sich als Versagerin, weil sie es nicht mehr schafft, mit ihm zu leben. Sie muss an ihn denken, wenn sie fremde Kinder beim Spielen sieht, diese perfekten, kleinen, sozialen Maschinchen, die Augenkontakt herstellen, im exakt richtigen Moment lachen und so viele Dinge miteinander zu besprechen haben. In solchen Augenblicken fragt sie sich manchmal mit einer leisen Bitterkeit, was aus Simon wohl geworden wäre ohne Autismus. Und was aus Jonathan ohne Simon.

Wenn Jonathan Willett heute an Simon denkt, dann denkt er nicht an die Vertreibung aus seinem Paradies, nicht an die Scheidung seiner Eltern, nicht an die Schlafstörungen, die er bis heute nicht ganz losgeworden ist, nicht an seine beschädigte Jugend. Sondern er denkt an ein Erlebnis an dem Tag, bevor Simon ins Heim kam. Kalter Regen fällt vom Himmel herab, und Simon rennt im T-Shirt und mit nackten Füßen aus dem Haus. Auf dem nahen Marktplatz steht ein altes Karussell. Simon steigt auf, Jonathan hinterher. Die Runden mit seinem Bruder auf diesem Karussell sind für ihn wie Fliegen. Simon lacht aus voller Kehle.

»Mit Simon kann einem der Rest der Welt manchmal einfach egal sein.« Dafür liebe er den Autismus, sagt Jonathan Willett, dafür liebe er Simon.

Die totale Freiheit

Elvira Scholl (75) war streng erzogen worden. Bei ihrer Tochter wollte sie alles anders machen. Der antiautoritäre Geist der Sechzigerjahre bestätigte sie. Ihre Tochter Katharina Scholl (46) fühlt sich nicht frei erzogen, sondern frei von Erziehung. Und will bei ihrem Sohn auch wieder vieles anders machen.

Elvira Scholl ist 75 Jahre alt, doch scheint sie die Frische wie auch die Verletzlichkeit ihrer Jugend bewahrt zu haben. »Ich bin eine feine Seele«, sagt sie. Sie wirkt wie ein junges Mädchen voller Ahnungen, das die Dinge eher erspürt, als mit dem Kopf erfasst: »Ich weiß nicht wieso, aber ich wollte mein Kind einfach stillen. Das tat im Amerika der Sechzigerjahre sonst niemand. Mir schien es natürlich.« Sehr am Herzen liegt ihr, dass die Menschen »mit Freundlichkeit aufeinander zugehen«, bei lauten Tönen zieht sich alles in ihr zusammen. Und tatsächlich ist sie so liebenswürdig und sanft und erzählt auch Unverfängliches mit einer solch wohlig-ruhigen Ausführlichkeit, dass ein Morgen mit ihr einem Abgleiten in eine Traumwelt gleichkommt.

Sie sitzt in ihrem schönen Haus am Zollikerberg, hält die Hände im Schoß gefaltet und erzählt von ihrer Kindheit in Basel, wo sie zusammen mit einer herzensguten Mama, einem aufbrausenden Vater und einer sechs Jahre jüngeren Schwester in einem Mietshaus aufwuchs, dessen Hauswart schon die ganz kleinen Bewohner dazu erzog, die Haustür abzuwischen, sollte man sie achtloserweise mit den Händen berührt und Schmutzspuren hinterlassen haben. In der Schule gab es Schläge für schlechtes Betragen, ständig musste man gefasst sein auf ein hartes Wort. Elvira Scholl selbst traf es nie, »ich passte mich immer an«, aber sie war ein mitleidender Zeuge dieser Praxis. Wenn zwei Verliebte auf der Straße Hand in Hand gingen, erregte das öffentliches Aufsehen. Sie beobachtete, wie die Leute hinter den Vorhängen standen, guckten und tuschelten. Ebenso wunderte man sich über Elviras lange, blonde, glänzende Haare. »Wozu so lange Haare?«, wurde sie gefragt. Es war eine enge, strikte, zensierende Welt, durch die sie mit geduckter Haltung ging, wie unter einer niedersausenden Gerte.

Elvira Scholl rebellierte nur in ihren Wünschen. Sie wollte Kunstmalerin werden, »weil ich schöne Dinge liebe«. Aber in Basel gab es bereits eine Kunstmalerin, und die war mit einem Schwarzen liiert, das war suspekt. Ihre Eltern sagten, Kunst sei nichts Seriöses. Und so machte sie das Handelsschuldiplom. Sie wurde Sekretärin beim Institut für Marktforschung in Zürich und lernte dort ihren späteren Mann kennen, der aus Deutschland kam und der bald als Forscher im Fachgebiet Psychologie an eine amerikanische Universität gehen würde. Sie waren in allem gegensätzlich: »Er war nicht so behütet aufgewachsen, er war ein Kriegskind. Er war sehr selbstständig, praktisch, pragmatisch. Also alles, was ich nicht war. Ich lebte ja schon ein bisschen in einer eigenen Welt. Eigentlich tue ich das immer noch.«

Elvira Scholl erzählt, wie sie, obwohl sie sehr scheu und weder mit Selbstvertrauen noch mit Englischkenntnissen ausgerüstet war, höchstens mit einer Portion Abenteuerlust, wie sie diesem Mann in die unendlichen Weiten des Mittleren Westens der Vereinigten Staaten von Amerika folgte – dahin, wo die Kornfelder blühen und wo sie zwei Jahre später Mutter eines Mädchens werden sollte, das sie ganz anders erziehen wollte, als sie selbst erzogen worden war.

»Bei mir hat dieses Antiautoritäre überhaupt nicht funktioniert«, sagt Katharina Scholl. Sie sei oft sehr frech gewesen, vor allem in der Pubertät. Sie ließ die Türen knallen, bis eine einen Sprung hatte und der Vater ein Machtwort sprach. Wenn sie ausging, konnte sie darauf zählen, dass ihre Mutter zu Hause im Nachthemd auf dem Sofa saß und auf den Anruf ihrer Tochter wartete – egal, ob dieser mitten in der Nacht oder erst in den frühen Morgenstunden kam, sie wollte erfahren, ob und wo sie sie mit dem Auto abholen solle.

Auch in materieller Hinsicht bekam sie alles, was sie begehrte. Ihre Mutter vernachlässigte lieber die eigenen Bedürfnisse, als dass sie der Tochter einen Wunsch ausschlug. Katharina konnte so boshaft, beleidigend oder abweisend sein, wie sie wollte, von mütterlicher Seite wurden ihr nie Grenzen gesetzt. Eines Tages schaute sie ihre Mutter an und stellte fest, dass sie den Respekt vor ihr verloren hatte: »Sie ließ sich ja alles gefallen. Wie soll man jemanden achten, der sich selbst nicht achtet?«

Katharina Scholl hat ein schönes Gesicht mit einem großen Lachen, das sie jetzt zeigt. Sie sagt, dass sie während der Pubertät tatsächlich weniger den Eindruck hatte, eine freie Erziehung zu genießen, als vielmehr frei von Erziehung zu sein.

Katharina wurde 1967 geboren. Wer damals über Erziehung sprach, der sprach über das Buch *Summerhill* des Reformpädagogen A. S. Neill, über antiautoritäre Erziehung also, über intrinsische Motivation und den Ansatz, in der Erziehung die persönliche Freiheit des Kindes als das höchste Gut überhaupt zu behandeln. Elvira Scholl hat *Summerhill* gelesen, als sie mit Katharina schwanger war. Sie habe sich bestätigt gefühlt durch dieses Buch, sagt sie, deren Kindheit geprägt war von »Du sollst«, »Du musst« und »Du darfst nicht«. Auch dass die Autorität der Erwachsenen ganz grundsätzlich infrage gestellt wird, gefiel ihr. Sie hatte bis ins frühe Erwachsenenalter gelitten unter dem Druck, sich bis zur Selbstaufgabe anpassen zu müssen, und darunter, dass sie kaum aufzumucken wagte gegenüber sogenannten Respektspersonen. Der Ratschlag, Vertrauen als die Basis für die Beziehung zu Kindern anzustreben, schien ihr goldrichtig, denn im Rückblick auf ihre Kindheit stellte sie fest, dass es da kein Vertrauen gegeben hatte. Nie, so schwor sie sich, sollte Katharina solche Angst haben vor ihr, wie sie manchmal vor ihrem Vater Angst gehabt hatte.

Elvira Scholl spielte und bastelte mit ihrer Tochter, sie gingen zusammen über die Felder, sie sammelten, was sie fanden, und zu Hause machten sie daraus Zwerge oder Häuser. Und wenn sich das genau richtig anfühlte, dann vielleicht auch, weil sie bei A. S. Neill gelesen hatte, dass ein Mensch, wenn er als Kind genug gespielt hat, sich danach an die Arbeit machen und die Schwierigkeiten meistern wird. Blickt sie zurück, war es diese Vorschulzeit, in der sie sich ihrer Tochter am nächsten fühlte, näher als in der Pubertät sowieso, da war sie ihr richtig fremd geworden, und näher auch als heute, wo Katharina ihr eigenes Leben führt mit Mann und Kind.

Katharina konnte damals auf Stühle klettern, auf dem Sofa rumhüpfen, alles anfassen und ausräumen, sie sollte in ihrem Bewegungs- und Erkundungsdrang durch keine unnötigen Verbote behindert werden. Ihre Wohnung war entsprechend eingerichtet, sie waren mit nichts nach Amerika gekommen, sie hatten nur wenige, praktische Möbel, keine Nippes, es war ein Paradies für ein Kind. Als Katharina einmal ein Bild direkt auf die Wand gemalt hatte, schimpfte die Mutter nicht mit ihr. »Kein schöpferischer Geist war wahrscheinlich je auf Ordnung bedacht«, steht in *Summerhill*. Elvira Scholl war selber nicht sehr strukturiert. Sie liebte es, kreativ zu sein, sie malte gerne und besuchte einen Abendkurs in Kunst an der nahen Universität.

Die USA empfand sie als ein kinderfreundliches Land. Im Supermarkt schrie niemand auf, wenn Katharina Salz aus dem Regal zog. In Restaurants war man mit Baby und Babywagen willkommen, sogar in die Bibliothek nahm sie ihre Tochter mit. Als sie 1971 in die Schweiz zurückkehrte – sie zog zuerst nach St. Gallen, später in die Nähe von Zürich –, erlitt Elvira Scholl einen kleinen Kulturschock. Ihr Eindruck war, man weise die Kinder hier immerzu in ihre Schranken.

Die schönsten Mutterjahre erlebte sie in den USA, mit Katharina als Kleinkind. Obwohl es auch dort nicht nur einfach war. Sie fühlte sich oft alleine, sie konnte niemanden um Rat oder um Hilfe bitten. Ihre Mutter war weit weg, telefonieren kostete 52 Franken die Minute, ihr Mann arbeitete viel. Ihr Englisch wurde besser, doch für ihre Ansprüche nicht gut genug. Zwar kam sie in Kontakt mit anderen Müttern und wurde auch mal eingeladen. Aber die Frauen, die sie kennenlernte, schienen am liebsten für sich zu bleiben, obwohl keine berufstätig war. Elvira Scholl störte sich nicht daran: Sie genoss es, ihre Tochter ganz für sich zu haben.

Damals konnte sie die Mutter sein, die sie sein wollte, mehr noch. »Ich konnte mich verwirklichen«, sagt Elvira Scholl. Sie konnte geben, immer nur geben – und niemand beäugte ihre Selbstlosigkeit mit Misstrauen. Mit der neuen Frauenbewegung kam sie nicht in Berührung: Nie wäre sie auf den Gedanken gekommen, dass sie als Mutter und Hausfrau sich selbst verleugne und darauf konditioniert sei, diese Selbstunterdrückung sogar vor sich selber zu verbergen. Ihre ganze Liebe und Aufmerksamkeit galt der Tochter. Als Mutter bestätigte und lobte sie sie in allem, was sie tat.

Überraschenderweise sagt Katharina Scholl, sie habe sich ihr Selbstvertrauen hart erarbeiten müssen. Sie denkt, dies habe mit jener zweifellos gut gemeinten, aber unterschiedslosen Anerkennung zu tun, die sie von ihrer Mutter erfuhr: »Für sie war ich immer die Größte. Sie fand einfach alles gut, was ich machte.« Das erlebte Katharina Scholl einerseits als Ermutigung, Neues zu versuchen. Es konnte ja nicht schiefgehen, sie hatte den Zuspruch ihrer Mutter sicher. Andererseits fehlte ihr der Maßstab: »Wenn man ein bisschen älter wird, spürt man, dass es gar nicht möglich ist, in allem perfekt zu sein.« So sei sie mit der Zeit misstrauisch geworden. Wenn sie von ihrer Mutter für etwas gelobt wurde, was ihrer Meinung nach kein Lob verdiente, wurde nicht nur dieses unangebrachte Lob wertlos, sondern jedes Lob.

Sie weiß, dass ihre Mutter *Summerhill* gelesen hat, glaubt allerdings nicht, dass es wirklich diese Lektüre war, die den Erziehungsstil ihrer Mutter geprägt hat. »Es ist wohl einfach so, dass dieses Buch ihrem Wesen sehr entgegenkam. Das Buch hat ihr gefallen und gutgetan, es hat ihr eine theoretische Legitimation für ihre Art verschafft.« Auch ohne *Summerhill* wäre sie diese liebevolle und wenig autoritäre Mutter geworden, die sie war und immer noch ist.

Bei ihrem fünfjährigen Sohn versucht Katharina Scholl, es anders zu machen. Sie lobt ihn nur, wenn sie seine Leistung wirklich lobenswert findet, und sie lobt ihn immer konkret. Also nicht: »Großartig, Lino!«, sondern: »Dass du dem kleinen Mädchen deine Legos gegeben hast, ist toll!« Sie nimmt sich auch vor, dafür zu sorgen, dass ihr Sohn in der Schule nicht so nachlässig wird, wie ihr das möglich war. Die Matur habe sie nur knapp bestanden, ihre Eltern seien da schon sehr locker gewesen. Und auch später, bei der Berufswahl, vermisste sie elterliche Anhaltspunkte:

»Ich war da ziemlich überfordert.« Sie entschied sich für ein Architekturstudium. Nach einem Jahr gab sie es auf und fing eine Lehre als Grafikerin an. Da fühlte sie sich unterfordert. Sie brach die Lehre ab, ging nach New York und studierte Grafikdesign. »Und bei jeder Wende hieß es von Seiten meiner Eltern: ›Ist in Ordnung, Katharina.‹« Ein bisschen weniger Freiheit wäre für sie besser gewesen, sagt sie, und hätte ihr den einen oder anderen Umweg ersparen können.

Wie ihre Mutter sich vornahm, ihr zu geben, was in ihrer eigenen Erziehung gefehlt hatte, so will jetzt auch sie es besser machen mit ihrem Sohn. Sie fordert Respekt ein, Höflichkeit, Manieren. Sie duldet es nicht, wenn er ihr gegenüber ausfällig wird, sie setzt ihm klare Grenzen. Begriffe wie Gehorsam und Disziplin, die lange verpönt waren und seit einiger Zeit wieder in Mode sind, sind auch in ihrem Sprachgebrauch.

Doch das Pendel soll nicht zurückschlagen. Katharina Scholl bemüht sich, nicht schlicht ins Gegenteil dessen zu verfallen, was sie bei ihrer Mutter erfahren hat, sie strebt einen Mittelweg an. Sie möchte nicht einfach eine Autorität sein, sondern eine liebevolle Autorität, die dem Sohn weder zu viel noch zu wenig Handlungsspielraum lässt. Und sie weiß, dass wer Gehorsam verlangt, oft nur seine Macht zu bestätigen sucht. Auch wenn sie sagt, dass ihr die Liebe ihrer Mutter zeitweise ein bisschen zu viel war, möchte sie auf keinen Fall, dass ihr Sohn das Gefühl bekommen könnte, nur geliebt zu werden, wenn er ihre Erwartungen erfüllt. Sie empfindet es als Glück, dass sie von ihrer Mutter so viel bedingungslose Zuwendung und Geduld erfuhr.

Und wenn sie manchmal jede Ehrfurcht verloren haben mochte, so fühlte sie sich ihr dennoch immer nah. »Als Kind sowieso, zwischen fünfzehn und zwanzig bestimmt weniger, zwischen zwanzig und dreißig wieder sehr.« Katharina Scholl erinnert sich, dass sie während ihres Studiums in New York der Mutter oft Briefe schrieb, die selten beantwortet wurden. »Das spielte keine Rolle, auch als stumme Leserin meiner Gedanken war mir meine Mutter wichtig.« Während sie sich mit ihrem Vater intellektuell austauschte, konnte sie in Gegenwart ihrer Mutter sein, wie sie war, ohne Anstrengung, sie musste keine Rolle spielen, nichts darstellen. Das ist so bis heute, und das schätzt Katharina Scholl.

Aber ihre Mutter sei immer sehr ängstlich gewesen, ängstlich und besitzergreifend. Manchmal wähnte sie sich begraben unter der mütterlichen Fürsorge. Sie habe zwar den Drang bekämpft, ihre einzige Tochter an sich zu binden, und auch ihre Angst, sie loszulassen. Sie ließ sie bei anderen Kindern übernachten und hielt sie nicht von zum Teil abenteuerlichen Reisen nach Italien ab, doch blieb die Überwindung, die sie das kostete, spürbar. Wenn Katharina Scholl früher das Gefühl beschlich, sie sei der Lebensinhalt ihrer Mutter, so hat sie jetzt das Gefühl, nun sei es Lino, ihr einziger Enkel.

Elvira Scholl sagt, es sei wie eine Seelenverwandtschaft zwischen ihr und Lino. Auch er sei ein ganz Feinfühliger. Es tue ihr manchmal weh, wenn sie sehe, wie streng ihre Tochter mit ihm umgehe. Sie frage sich dann, ob sie vielleicht überfordert sei mit Mann und Beruf. Katharina habe ein Büro für Grafikdesign, und sie führe eine andere, gleichberechtigtere Partnerschaft als sie mit ihrem Mann, und das sei bestimmt anspruchsvoller. »Ich sehe das nur mit an und sage nichts.« Gegen ihre Tochter könne sie sich kaum durchsetzen, die sei wie ihr Vater gewandt im Umgang mit Worten, während sie selber diesbezüglich eher schwach sei.

Manchmal möchte sie Lino gern eine Freude machen. Doch ihre Tochter sei da sehr heikel, das wisse sie inzwischen. Zum Beispiel wolle Katharina unter keinen Umständen, dass ihr Sohn Markenkleidung trage. Deshalb schneide sie jetzt das Etikett von Benetton oder was auch immer ab, bevor sie das Geschenk überreiche. Sie habe ein wunderschönes Bild für Lino gemalt und gehofft, er würde es über seinem Bett aufhängen, als Andenken an seine Nana, so nenne er sie. Aber ihre Tochter habe gesagt: »Nein, das passt nicht ins Zimmer.« Elvira Scholl fand das ein bisschen hart. Allerdings, vermutet sie, liege es vielleicht an der freien Erziehung, die Katharina genossen habe, dass sie sich nicht so gut in andere einfühlen könne. Oder vielleicht sei es die Herzlosigkeit, die heute allgemein gefordert werde, wenn man sich im Berufsleben durchsetzen wolle.

Traurig war sie auch, als sie erfahren hat, dass der kleine Lino schon mit neun Monaten in eine Kinderkrippe kommen sollte. Doch sie habe lernen müssen, dass das heute üblich sei, und wenig gesagt. Katharina möge es nicht, wenn sie sich einmische. Wenn sie zum Beispiel zu ihr sage, dass Lino zu leicht angezogen sei, dann verbitte sich Katharina schnell jede Einmischung mit dem Hinweis, Lino sei ihr Sohn.

Lino liebe seine Großmutter wirklich sehr, sagt Katharina Scholl. Auch wenn sie vielleicht manchmal Dinge mit ihm mache, die nicht mehr ganz altersgerecht seien, verbringe er gern die Zeit mit ihr und sie mit ihm. Ihre großmütterliche Besorgtheit aber sei zu viel. Stets habe sie das Gefühl, er sei zu wenig warm angezogen, er erkälte sich. Und immer mal wieder findet Katharina Scholl warme Wollsocken in der Tasche, obwohl Lino gegen Wolle allergisch ist. Oder die Großmutter kaufe dem Jungen eine Fellweste. Wenig subtile Hinweise darauf, was zu tun wäre.

Katharina Scholl sagt, mit ihrer Mutter habe sie kaum je mit Worten gestritten, die Stärke ihrer Mutter sei eher eine Art passive Aggressivität. Wenn ihr etwas missfalle, verstumme sie hörbar, oder sie ziehe sich auf eine sehr sichtbare Weise zurück. »Sie kann einem wunderbar ein schlechtes Gewissen einjagen. Manchmal vielleicht sogar zu Recht.«

In dieser Hinsicht hat Katharina Scholl sich verändert. Früher wehrte sie jede Art von Gewissensbissen ab. Sie war fast stolz darauf gewesen, eine gewisse Härte an den Tag zu legen, eine Art moralische Rücksichtslosigkeit. Sie hatte die Courage zu tun, was ihr nützte. Doch seit sie einen Sohn habe, sagt sie, habe sie ihren Egoismus ein Stück weit abgelegt, sie mache öfter Dinge einfach, um jemandem eine Freude zu bereiten. Zum Beispiel ihrer Mutter. Nicht zuletzt ihrer Mutter.

Die Namen in diesem Text wurden geändert.

Der verlorene Sohn

Als Jugendlicher suchte Arno Orzessek (47) den lauten Bruch mit dem pietistischen Umfeld seines Vaters. Heute anerkennt er, dass das viele Beten und Bibellesen sein Denken und Empfinden tief geprägt haben. Damit kann sich sein Vater Willi Orzessek (80) aber niemals begnügen. Wenn sein Sohn nicht zum Glauben zurückfindet, ist das für ihn ein Zeichen, dass er selber nicht genug brennt für Jesus.

Jesus kommt Willi Orzessek tatsächlich oft über die Lippen. Wie von selbst formen sie Gottes Wort, so wie es in der Lutherbibel geschrieben steht. Manchmal widerfährt Willi Orzessek auch das Mittel der Verzögerung, um die Funken seines Glaubens sprühen zu lassen. Ich will zum Beispiel wissen, ob er stolz sei auf Arno, seinen Sohn. Da schaut er mich lange lächelnd an. Dann lässt er den Blick zu seiner Frau hinwandern, die uns gerade Kaffee bringt, dann zu dem Blumen-in-Vase-Bild an der Wand und wieder zurück zu mir, immer lächelnd, geduldig und sanft.

Endlich sagt er: »Stolz ist nichts Gutes. Man darf nicht stolz sein.«

Willi Orzessek ist mittelgroß, eher schmal und strebt in äußerlichen Dingen Unscheinbarkeit an: kurzes Haar, goldgelbe Titanbrille, kariertes Hemd. Wenn er spricht, scheint er sich jedoch durchaus sicher zu sein, auf eine zurückhaltende Art. Ich frage, warum man nicht stolz sein dürfe, und er antwortet, weil ein auf sich stolzer Mensch damit seine Sünden verteidige. Aber stolz auf den Sohn zu sein, sei ja nicht dasselbe wie stolz auf sich selber zu sein, erwidere ich. Doch, entgegnet er, denn damit würde man dessen Sünden verteidigen. Ich frage, was denn die Sünden seines Sohnes seien. Da erscheint wieder dieses Lächeln auf seinem Gesicht. Ich warte, das Lächeln wartet auch, die Zeit vergeht. Das Lächeln vergeht nicht. Es bleibt vorläufig die einzige Antwort, die Willi Orzessek auf diese Frage zu geben bereit ist.

Es ist nämlich so, dass er Vater von drei Kindern ist, zwei davon wandeln auf seinen, also auf Gottes Wegen, und das erfüllt ihn mit Freude. Da ist einerseits die Tochter, Ärztin, vierfache Mutter und mit einem evangelikalen Pastor verheiratet: »Sie hat schon früh zu Jesus gefunden.« Und da ist andererseits der jüngste Sohn, verheiratet, Vater eines Sohnes, Ergotherapeut mit eigener Praxis in Bayern: »Er hält die Verbindung zu Jesus aufrecht als Organist und als Dirigent eines Kirchenchors.« Und dann ist da noch Arno. Er studierte Germanistik, Philosophie und Kunstgeschichte und hatte während des Studiums wie schon vorher, »viele unchristliche, wissenschaftliche Bücher gelesen«, sagt sein Vater. In der Bibel jedoch stehe: »Wissen bläht auf, aber die Liebe baut auf.« Und das versteht Willi Orzessek so, dass wahre, durch Gott beflügelte Erkenntnis sich nicht durch Analysieren einstelle, wie Arno das betreibe, sondern dadurch, dass man Gottes Schöpfung mit Ehrfurcht begegne, auf dass es zu einer Vereinigung komme, durch die das Leben weiter fruchtbar bleibe.

Dass sein Sohn sich eher der weltlichen als der göttlichen Erkenntnis verschrieben hat, zeigt sich Willi Orzessek nicht zuletzt an seinem Lebenswandel: Arno ist unverheiratet, kinderlos und war schon mit mehreren Frauen liiert. Er mag Zerstreuungen wie Motorräder und Fußball. Außerdem trinke er gern Alkohol, obwohl geschrieben stehe: »Seid nüchtern und wachet; denn euer Widersacher, der Teufel, geht umher wie ein brüllender Löwe und sucht, welchen er verschlinge.« Arno ist Willi Orzesseks verlorener Sohn.

Doch einen verlorenen Sohn gibt man nicht auf, »denn Gott liebt seine Kinder, selbst wenn sie sündigen«, sagt Willi Orzessek. Jesus nehme alle an, auch die, die sich ihm im letzten Augenblick zuwenden, zur Rückkehr sei es nie zu spät. Oder wie ein pietistischer Prediger gesagt habe: »Fallen ist menschlich. Nur liegen bleiben ist teuflisch.« Hoffnung bezieht er aus dem Umstand, dass Arno sich erst mit vierzehn, fünfzehn Jahren von Jesus ab- und den Reizen der mondänen Welt zugewendet habe: »Bis dahin konnten wir ihm viel mitgeben. Das ist alles drin in seinem Kopf.«

Er führt aus, wie das Kind Arno mit geistlicher Nahrung versorgt worden ist: Vor jeder Mahlzeit ein Gebet, nicht heruntergebetet, sondern mit Intensität und Inbrunst vorgetragen. Täglich eine kleine Abendandacht: eine ausgewählte Bibelstelle wird vom Herrn des Hauses vorgelesen mitsamt der Auslegung eines pietistischen Predigers. Passionsandachten am Donnerstag. Dazu Arnos Mitgliedschaft im Jugendkreis: zur körperlichen Ertüchtigung eine halbe Stunde Fußball und danach die »erbauliche Bibelarbeit« unter Anleitung eines pietistischen Laienpredigers, sie konnte Stunden in Anspruch nehmen. Die Sonntage verbrachte Arno am Morgen in der Osnabrücker Paulskirche, am Nachmittag im pietistischen Gebetskreis, wo man gemeinsam Reue und Buße tat und anschließend bei Kaffee und Kuchen zusammensaß. Feiertage waren noch intensiver: Von Osterfreitag bis Osterdienstag sind jeweils acht bis zehn Predigten in Arno eingegangen. Und während der Ferien sei Arno manchmal zur Bibelfreizeit gefahren, eine Art Lager unter pietistischer Anleitung.

Ob sich diese unerbittlich geschlossene Welt seiner Eltern in ihm niedergeschlagen habe, ist für Arno Orzessek keine Frage. Die Frage sei, wie. Er sagt: »Ich hoffe, dass ich nicht nur als der erscheine, der es anders gemacht hat als sein Vater.« Und: »Ich hoffe, dass in jedem Leben der Moment kommt, in dem man frei wählt und die Wahl nicht von der Vergangenheit bestimmt ist.« Gleichzeitig weiß er: »Egal, wofür du dich entscheidest, es ist der Gegensatz, der dich bestimmt.«

Arno Orzessek wohnt direkt unter dem Himmel. 99 Treppenstufen muss man überwinden, ehe man in seine helle Neuköllner Wohnung gelangt, wo er gerade ein ausgiebiges Frühstück anrichtet. Er wärmt die Kaffeetassen mit kochendem Wasser vor, er schneidet Brot, gibt Cherry-Tomaten in ein weißes Porzellanschälchen, und als voreingenommene Beobachterin kann ich nicht anders, als in seinen Gesten eine andächtige Konzentration zu entdecken, wie sie in einem Gottesdienst oft nur beschworen wird. Doch er ist nicht jemand, der die Befehle aus dem Bauch verleugnen wollte. Von Selbstkasteiung hält er nichts: »Ich bin nicht wie meine Großmutter, die das Ende ihrer Tage in einem abgedunkelten Zimmer verbrachte, fadendünn, weil sie sich von einer Banane immer nur die halbe zugestand.«

Tatsächlich ist er von kräftiger Statur, wirkt stark und gleichzeitig empfindsam. Er hat ein feines, bewegliches Gesicht, das manchmal hochgemute Züge annehmen kann: »Es gibt Leute, die behaupten, ich hätte etwas von einem Priester«, sagt er, und diese Aussage beziehe sich auf sein Aussehen, aber nicht nur. Denn das, was er in seiner Kindheit oft erlebt hat, dass nämlich pietistische Prediger, meist Laienprediger, »aufstehen und das Wort ergreifen« und dann eineinhalb Stunden konzise reden, vermag auch er. Der Glaube an das Wort hat sich ihm vermittelt. Auch er vermag die Welt in Worten aufzuheben, nur ist es bei ihm nie die jenseitige Welt, an deren Sprachwerdung er sich berauscht, ihm geht es um die hiesige: Jedem Ding begegnet er mit einer erstaunlich gleichschwebenden Aufmerksamkeit. Er streut jetzt Pfeffer über die Tomaten und bedauert, dass er im Moment nicht die richtige Pfeffermühle hat, die ließ er nämlich liegen beim achtzigsten Geburtstag seines Vaters, zu dessen Ehren er das Festmahl bereitete.

Es folgt eine kleine Lektion über die Unterschiede verschiedener Pfefferarten, Sezuan-Pfeffer versus Grüner Pfeffer zum Beispiel, und die Frage, was Arno Orzessek wohl lieber mag, den Pfeffer oder die Predigt darüber, ist nicht einfach zu beantworten. Auf dem Balkon hat er einen kleinen Kräutergarten angelegt, die Rosenstöcke gedeihen prächtig, die Oleander auch, und Arno Orzessek ist jederzeit in der Lage, die Gedanken, die ihn bei der Bepflanzung angeleitet haben, zu einem Vortrag auszuweiten, der beim Majoran anfängt und bei der Erfahrung des Erhabenen unter dem nächtlichen Sternenhimmel nicht aufhören muss: »Es ist die Konfrontation mit dem Unendlichen, die ich stark empfinde. Die Ahnung, dass es eine Ordnung der Dinge geben könnte, von der wir nicht wissen.« Das lasse er dann so stehen, weiterer Erklärungen bedürfe er nicht, er drifte weder in Esoterik noch in Wissenschaft ab, schon gar nicht in Religion. Er verbindet diese Art von Empfindungen mit Musik, etwa mit Johann Sebastian Bachs *Matthäuspassion*, ohne die die Passionszeit für ihn keine sei. Er sagt, dass er mit Hilfe dieser Musik die Grenzen des Rationalen überschreite und in einen Zustand der Trunkenheit eingehe, der ihn für eine gewisse Zeit arbeitsunfähig mache. Er geht nochmals in die Küche, um Kaffee zu holen, und summt dazu den Anfang eines Chorals aus der Matthäuspassion, »O Haupt voll Blut und Wunden, voll Schmerz und voller Hohn«, Liedtext Paul Gerhardt, sagt er, verglichen damit seien heutige Kirchenlieder wie »Herr, Deine Liebe ist wie Gras und Ufer« nur laue Luft.

Er ist mit dem Kaffee zurück und inzwischen beim Philosophen Friedrich Nietzsche angelangt, genauer bei dessen Betrachtung des Daseins als ästhetisches Phänomen. Überhaupt seien ihm die Problemkonstellationen des Pfarrersohnes Nietzsche sehr vertraut. Christ und Antichrist, Moral und Überwindung der Moral, Erkenntnis und Empfindung am Beispiel der Musik.

Und nochmals schlägt er einen Bogen zur Musik: »An die Musik, die sich mir durch den Pietismus vererbte, erinnere ich mich gern«, sagt er. Die Popkultur der Siebzigerjahre sei zwar vollkommen an ihm vorbeigegangen, »und das konnte ich mit zwanzig auch nicht mehr nachholen«, doch für die Orgelmusik, die Musik der Bläser und der gemischten Chöre, die er in seiner Kindheit und Jugend aufgesogen habe, »wahre Perlen zum Teil«, kann er sich bis heute begeistern.

Mit seinem Auftreten, seinen Vorlieben und seinen Gewohnheiten zeigt Arno Orzessek, wie empfänglich er geblieben ist für die Reize, die die Religion bereithält. Allerdings missachtet er das Religiöse daran. Er lässt es nicht ganz verschwinden, aber er raubt ihm den Sinn. Was bleibt, ist die Form. Die Form ist der Sinn, auch das ist ein Gegensatz zu seinem Vater, der ihn, Arno, offensichtlich bestimmt.

Und natürlich ist es dieser Gegensatz, der den Vater bei aller Zuversicht zweifeln lässt an der Möglichkeit, dass sein Sohn eines Tages im biblischen Sinne zurückkehren und er ihn in die Arme schließen könnte. »Wie heißt es in der Bibel von unserem Reformator Doktor Martin Luther?«, fragt Willi Orzessek und gibt sich die Antwort gleich selber: »Denn dieser mein Sohn war tot und ist wieder lebendig geworden; er war verloren und ist gefunden worden.«

Bei Arno hingegen sei es so, sagt Willi Orzessek, dass er schon früh den Eindruck gehabt habe, dass dieser bete, ohne die Worte zu empfinden, die er sprach. Bereits als Kind sei Arno ohne rechten Glauben gewesen, als Jugendlicher erst recht. Sein Sohn habe, so glaubt der Vater, den Segen Gottes nie wirklich in sich aufgenommen.

Arno Orzessek bestätigt, was der Vater ahnt. Er sagt, eines der ersten Gefühle, an das er sich ziemlich sicher zu erinnern glaube, sei das der Nichtzugehörigkeit. Das Gefühl, am falschen Ort geboren worden zu sein. Er habe sich eigentlich nie vom Glauben abgewendet, weil er gar nie gläubig war. Er habe sich nie als Pietist gefühlt, nie als Kind Gottes.

Der Pietismus habe bei seinen Geschwistern verfangen, bei ihm nicht. Reagiert hat aber auch er darauf. Er hätte diese Erziehung zu Gott zähneknirschend über sich ergehen lassen oder sich einfach entziehen können. Arno Orzessek jedoch suchte die lautstarke Auseinandersetzung, vor allem mit dem Vater. Mit der Mutter sei das nicht möglich gewesen, sie habe argumentativ sofort aufgegeben oder sich in irgendwelche Satzplagiate geflüchtet. Ihre Wirkung habe eher darin bestanden, dass sie zwar stumm, doch unübersehbar präsent gewesen sei und sein Verhalten missbilligt habe.

Von den Gesprächen mit seinem Vater hingegen hat Arno Orzessek sich zur Raserei treiben lassen, zu einem unheiligen Zorn, wie er sagt. Er wollte den Vater in unauflösbare Widersprüche verstricken, seinen Glauben mit Fragen löchern und in den Fundamenten erschüttern. Er wollte zum Beispiel wissen, warum für Christen die Welt als Ganzes Gottes Wille sein könne, wo die Sünden doch dem Einzelnen angelastet würden. Also wie Gott allmächtig und der Mensch gleichzeitig frei sein könne. Doch mit solchen Angriffen war sein Vater nicht aus der Ruhe zu bringen, er konnte sich ja jederzeit auf den unergründlichen Ratschluss des Allmächtigen zurückziehen: »Aus weltlicher Sicht bleibst du vielleicht weise, nur was ist schon die weltliche Sicht.«

Natürlich wusste Arno Orzessek bereits damals, »dass ein Glaube kein Glaube wäre, wenn er sich mit sprachanalytischer Präzision durchsetzen ließe«. Doch er war ein pubertierender intellektueller Idealist, der sich als leidenschaftlicher Benutzer der Bibliothek Osnabrück, Zweigstelle Schinkel, weit entfernt hatte von der ausschließlich geistlichen Literatur zu Hause. Er sei sich diese Gefechte quasi selbst schuldig gewesen, sagt er: »Argumentativ satisfaktionsfähig zu sein, das war für mich eine Frage der Ehre.«

Das war der laute Bruch mit der Welt seines Vaters, den er am Ende seiner Jugend von sich verlangte. Warum ihm aber diese Welt, in die er hineingeboren wurde, fremd war, und zwar von allem Anfang an, das konnte Arno Orzessek nie erklären. Und er kann es immer noch nicht: »Es ist mir bis heute unbegreiflich, warum ich mich da nie zugehörig fühlte.«

Willi Orzessek vermutet, die Ungläubigkeit seines Sohnes sei womöglich auf ihn, den Vater, zurückzuführen. Wobei er dabei nicht, wie das ein anderer Vater wohl tun würde, die Beziehung hinterfragt, die er zu seinem Sohn hatte. Sondern er zweifelt an seiner Beziehung zu Gott, in der sich der Glaube seines Sohnes reflektiere: »Vielleicht habe ich einfach nicht genug gebrannt für Jesus. Wenn der

Glaube zu schwach ist, verlöschen die Funken und werden schwarz. Vielleicht konnte ich Arno zu wenig anstrahlen mit dem Licht meines Glaubens.« Gleichzeitig fragt er sich, ob er nicht zu viel Glaubensdruck auf seinen Sohn ausgeübt habe. »Mag ja sein, dass ich hie und da etwas überzogen habe«, sagt er, »hätte ich jedoch zu wenig gemacht, hätte ich mich vor Gott versündigt.«

Doch Selbstvorwürfe scheinen ihn dabei nicht zu quälen. Auch wenn er solche Fragen abwägt, macht er den Eindruck eines Menschen, der sein Leben ganz und gar auf die Notwendigkeiten des Glaubens ausgerichtet hat und darin aufgeht. Selbst in dunklen Stunden fühlt er sich beschützt. »Wenn mich etwas bedrückt«, sagt Willi Orzessek, »dann gebe ich das Jesus im Gebet ab«, und selbstverständlich fällt ihm die dazu passende Bibelstelle ein: »Kommet her zu mir alle, die ihr mühselig und beladen seid; ich will euch erquicken.«

In einer neueren Übersetzung heiße es nicht mehr »erquicken«, sondern »Ruhe geben«, ruft seine Frau aus der Küche.

Für Willi Orzessek machen beide Übersetzungen Sinn, denn: »Gott gibt Geborgenheit und Kraft, beides.«

Arno Orzessek jedoch vermutet, dass sein Vater viel Angst um ihn hatte und immer noch hat. Denn er, Arno, erfülle die väterliche Primärtugend des Christseins ganz und gar nicht. Und er verstoße damit in den Augen seines Vaters nicht gegen seine, also des Vaters Gebote, sondern – viel schlimmer – gegen die Gebote des Allmächtigen.

Für einen Pietisten wie seinen Vater sei das irdische Leben nur ein Tränental, das man möglichst gottgefällig zu durchschreiten hat, um das eine, wirkliche Ziel zu erreichen: das himmlische Jerusalem, die ewige Seligkeit. Und am Ende gibt es nur zwei Möglichkeiten: Rettung oder Verdammnis, Himmel oder Hölle, man schafft es oder eben nicht. »Für einen pietistischen Vater muss es also eine große Sorge sein, wenn sein Sohn sich sozusagen willentlich dem Teufel in die Hände gibt.«

Willi Orzessek sagt, er bete für alle seine Kinder, denn solange dieses Leben hier auf Erden fortdauere, sei keiner am Ziel. Und natürlich bete er insbesondere für Arno. Er zitiert die Bibelstelle, die anzeigt, was beim Jüngsten Gericht geschehen könnte: »Es werden viele zu mir sagen an jenem Tage: ›Herr, Herr! Haben wir nicht in deinem Namen viele Taten getan?‹ Dann werde ich ihnen bekennen: ›Ich habe euch noch nie erkannt; weichet alle von mir, ihr Übeltäter!‹« Er wiederholt den Satz »Ich habe euch noch nie erkannt«, und er wiederholt ihn ein zweites Mal, mit halb geschlossenen Augen.

Auf die Frage, wie er mit der Vorstellung umgeht, dass sein Sohn auf ewig verstoßen werden könnte, lächelt er und schweigt. Dann sagt er, er glaube, getan zu haben, was in seiner Macht stehe. Und Gott habe dem Menschen einen freien Willen geschenkt. »Himmel und Erde sind meine Zeugen: Ich habe euch heute Segen und Fluch, Leben und Tod vor Augen gestellt. Wählt das Leben, damit ihr am Leben bleibt, ihr und eure Nachkommen«, zitiert er die Heilige Schrift.

Seine Frau lässt nicht zu, dass ihr Mann Bibelverse vorschiebt. »Aber es ist doch schon ein Schmerz für dich, das mit Arno, das hast du doch gesagt«, ruft sie aus der Küche.

Willi Orzessek bestätigt nicht und verneint nicht, er schweigt freundlich.

Sein Schweigen kann Ausdruck von Schmerz sein oder auch von Misstrauen mir gegenüber. Pietisten pflegen die Gemeinschaft unter Gleichgesinnten und grenzen sich von denen ab, die nicht Kinder Gottes sind. Sein Sohn hat mir erzählt, dass sein Vater »die Stätten der Sünde« meide. Ich trage roten Lippenstift und Schuhe mit hohen Absätzen. Und ich weiß, dass Willi Orzessek in solchen Belangen sehr klare Vorstellungen hat, das hat mir seine Frau Gertrud erzählt. Er heiratete sie, nachdem seine erste Frau, die Mutter Arnos, 1992 gestorben war. Gertrud Orzessek hat auch »zu Jesus gefunden«, wie sie sagt, doch sie ist nicht Pietistin.

Was am Anfang zu Diskussionen führte. Denn sie mag Hosen, Theater, Kino, Fernsehen. Ihr Mann hingegen ist es gewohnt, dass Frauen Röcke tragen. Und Theater, Kino, Fernsehen lenken in seinen Augen ab von Gottes Wort. »Man verbringt dann weniger Zeit mit Jesus«, sagt er.

Er und seine heutige Frau haben sich so geeinigt, dass sie keinen Fernseher haben. Dass sie Hosen trägt, wann immer sie will, und dass sie ins Kino oder Theater geht, aber alleine. Willi Orzessek bringt sie sogar hin, nur geht er nicht hinein.

Das sei typisch für seinen Vater, sagt Arno Orzessek. Sein Vater werde nicht von der Sünde angefochten, sondern von seiner fortschreitenden Toleranz.

In seiner Jugend zum Beispiel seien nach dem Abendessen immer diese »beklemmenden Abendandachten«

gehalten worden. Heute lasse sein Vater für Besucher auch mal ein Kartenspiel gelten, obwohl das in seinen Augen Teufelszeug sei, mitspielen würde er natürlich nie. Und oft habe er den häuslichen Frieden mit »Nicht-wissen-wollen« geschützt, etwa wenn sein Sohn wieder mal viel zu spät oder angetrunken nach Hause gekommen war. Nur einmal habe sein Vater die Gelegenheit genutzt und versucht, ihm eine Lektion zu erteilen. Das war kurz vor dem Abitur. Er war mit dem Fahrrad auf dem Weg zu seiner Freundin, wurde von einem Auto angefahren und kam ins Krankenhaus. »Da konnte er es tatsächlich nicht lassen, mir unterzujubeln, dieser Unfall sei ein Fingerzeig Gottes.«

Heute treffen er und sein Vater einander ein- bis fünfmal im Jahr, und diese Sparsamkeit der Kontakte helfe, dass die Begegnungen angenehm bleiben. Sie reden von dem, was gewesen ist, und weniger von dem, was ist: »Von meinem Alltag in Berlin weiß er nichts.« Und er halte seine Neugier wohl bewusst und klugerweise klein.

Der Vater ist nicht nur diskret, er unterstützt seinen verlorenen Sohn sogar. Er gewährte ihm einen Privatkredit, damit er seinen 647-Seiten-Roman schreiben konnte. Die Kritik hat *Schattauers Tochter* teils verrissen, teils hoch gelobt, der Vater aber hat ihn auf Anraten seiner Tochter schlussendlich gar nicht gelesen. Für Arno Orzessek ist dieser Kredit dennoch ein Beweis dafür, dass sein Vater in den letzten Jahren »neben seiner pietistisch geprägten Intoleranz eine menschliche Toleranz entwickelt hat«. Und er ist nicht unglücklich, dass sein Vater den Roman nicht gelesen hat. Die Lektüre hätte ihre Beziehung aufspringen lassen können, allein schon wegen der Sprache, die er verwendet habe und die sein Vater wohl als gotteslästerlich empfinden würde. »Und seinem pietistischen Gewissen ist er am allertreuesten«, sagt Arno Orzessek. Er nennt ihn deshalb gerne den »Heiligen von Osnabrück-Schinkel«.

Ein Leuchten, das man vielleicht tatsächlich als heiliges Leuchten wahrnehmen könnte, huscht Willi Orzessek übers Gesicht, wenn er von den Erweckungen nach dem Zweiten Weltkrieg erzählt. Erweckt im Sinne der Pietisten ist ein Mensch, wenn er seine Erlösungsbedürftigkeit erkannt hat und bereit ist zur geistigen Erneuerung. »Das ist eine Zeit gewesen, wo die Leute gerne auf Gottes Wort hörten«, sagt er.

Er habe im Alter von siebzehn Jahren begriffen, »dass wir Menschen es nicht alleine schaffen, dass wir uns immer wieder zu unserer Schuld bekennen und Buße tun müssen«. Seither hat er sein Leben mit einer auf Außenstehende extravagant wirkenden Ausschließlichkeit auf die Ewigkeit ausgerichtet.

Seiner Erweckung gingen Jahre der Not voraus. Er kam 1933 als elftes von zwölf Kindern zur Welt. Sein Vater starb 1943 an den Spätfolgen seiner Verletzungen aus dem Ersten Weltkrieg. Bis Januar 1945 harrte seine Mutter auf dem Hof im damaligen Ostpreußen und heutigen Ostpolen aus, dann setzte sie zur Flucht an. Zu spät.

Mit zwölf Jahren hat Willi Orzessek erlebt, wie Menschen, die er nicht kannte, vor seinen Augen getreten, geprügelt, erschossen wurden. Er hat erlebt, wie seine Schwester bei der Mutter Schutz suchte vor einem Vergewaltiger und wie dieser die Waffe zückte und seine Schwester in den Armen seiner Mutter erschoss. Eine andere Schwester starb in einem russischen Arbeitslager. Ein Bruder wurde als Soldat eingezogen und kehrte nicht zurück. Ein anderer Bruder wurde von den Russen verschleppt und blieb verschollen. Willi Orzessek erinnert sich, dass er sich beim Anblick der von Leichen übersäten Felder vorstellte, wie später die Bauern bei der Ernte auf verweste Körper stoßen würden.

Nach der missglückten Flucht blieb er zunächst mit der Mutter auf dem Hof und wechselte dann auf den Hof seiner Tante und seines blinden Onkels. Denen ging es besser, denn sie hatten von den Amerikanern Pferde kaufen können und hatten auch noch Kühe. Drei Jahre lebte er dort. Es waren Jahre, in denen er sich zu einer gewissen Lockerheit hinreißen ließ. Die Tante schenkte Willi hin und wieder einen Schnaps ein, der Onkel bot ihm Zigaretten an, manchmal wurde sogar getanzt. »Es hat mir dort gut gefallen«, sagt Willi Orzessek. Er erinnert sich, dass er damals aus dem Pietismus seines Elternhauses ausbrechen wollte. Aber dann rief ihn seine Mutter zurück, und Willi ging zurück, aus Pflichtgefühl: »Meine Mutter hatte vier Kinder im Krieg verloren, da konnte ich nicht auch noch weg.«

Viele Menschen seien an ihren Kriegserinnerungen zerbrochen. Seine Mutter hingegen ist 96 Jahre alt geworden und hielt sich bis zuletzt geistig und körperlich in Form. »Das Beten und der feste Glaube, dass das Leben auf Erden nichtig ist, haben ihr die Kraft gegeben, es hier so lange auszuhalten.« Willi Orzessek lächelt, weil er das Paradoxe seiner Aussage bemerkt hat. Jedenfalls, sagt er, sei er froh, dass er damals, mit siebzehn, die Kurve gekriegt und sich für Jesus entschieden habe.

Er blieb bei seiner Mutter in Polen, bis er 1962 seiner Braut nachreiste, der er sich versprochen hatte und die später Arnos Mutter werden sollte. Er ließ sich in Osnabrück nieder und gründete eine Familie. Er verschob bis zu seiner Pensionierung Lasten von einem Wagon der Deutschen Bahn zum nächsten Wagon der Deutschen Bahn. Und er gründete innerhalb der evangelischen Landeskirche Osnabrücks einen pietistischen Gebetsverein.

»Ohne den Pietismus wäre mein Vater womöglich ein kleinbürgerlicher Spießer ohne Konturen geworden«, sagt Arno Orzessek. Die Religion habe ihm einen gewissen spirituellen Horizont gegeben. Auf die Frage, was der durch den Vater vermittelte Pietismus ihm selber angetan habe, fällt die Antwort gemischter aus.

So erinnert er sich zum Beispiel an die Geräusche aus dem Fußballstadion, an dem er jeweils vorbeifuhr. Das sei »der Sehnsuchtssound seiner Kindheit« gewesen. Eine Entbehrung also, die im Rückblick auch ihr Gutes hatte. Dass er Fußballübertragungen nur unter der Bettdecke und übers Radio verfolgen konnte, sei ihm ein »starker Quell für Imagination« gewesen.

Ähnlich komplex ist sein Verhältnis zur Lutherbibel. Als Kind musste er sie so oft hören und lesen, dass er sie fast auswendig dahersagen kann. Heute ist sie ein sprachliches Fundament, das ihn als Schriftsteller und Journalist stärkt: »Das biblische Pathos, die rhetorische Wucht und damit immer auch ein Element des Übertriebenen, das hat mich geprägt.«

Dass er kaum in die Arme genommen wurde, weil sich das Keuschheitsgebot des Pietismus auch auf den Umgang mit Kindern ausdehnte, habe er, der Erinnerung nach, nicht vermisst, sagt Arno Orzessek. Doch als das körperliche Begehren erwachte, litt er unter inneren Spannungen. Obwohl er sich dem Glauben seiner Eltern nie zugehörig fühlte, habe er deren Sündenbewusstsein offenbar übernommen. Körper ist Sünde, Begehren ist Sünde, Lust ist Sünde. Später entdeckte er, dass der Gedanke, etwas bei Strafe der Verdammnis Verbotenes zu tun, sein Vergnügen ins Unendliche steigern konnte. Das Beste: Volles Sündenbewusstsein bei größter Freizügigkeit.

Aber nicht nur das Sündenbewusstsein, auch das alles bestimmende Gefühl der Angst hat ihn erfasst: »Es war ja nichts anderes da als diese Ordnung der Dinge. Natürlich habe ich immer wieder mal in Erwägung gezogen, dass es eben doch stimmen könnte, was da erzählt wurde vom Fegefeuer und vom Jüngsten Gericht.« Bis heute überfällt ihn manchmal eine sehr ernsthafte Besorgtheit, dass die vernichtende Katastrophe über ihn kommen könnte, dass er keine Aufträge mehr bekomme, nicht mehr schreiben könne.

Diesen Ängsten setzt er die Entschlossenheit entgegen, mit der er sich in der Vorläufigkeit einrichtet. Er hält an seiner freiberuflichen Tätigkeit als Journalist und Schriftsteller fest, alle Angebote zur dauerhaften Sicherung seiner Verhältnisse hat er ausgeschlagen. Er hatte nie einen anderen Chef als sich selbst, er ist keine Verpflichtungen eingegangen gegenüber einer Frau oder Kindern. »Unreif, ungeplant, unfertig, das ist ein guter Zustand«, sagt er.

Der Unterschied zur Welt seines Vaters könnte größer kaum sein. »Es ist der Gegensatz, der dich bestimmt«, sagt Arno Orzessek.

Kurze Beine,
großes Herz

Sofia Hefti (17) ist kleinwüchsig. Ihre Mutter Regula Mattmüller (45) war nach der Geburt zuerst schockiert und dann
traurig. Es war vor allem ihre Tochter, die sie gelehrt hat,
wie man das Leben mit einer behinderten Tochter meistert.

Sie trug entschieden praktische Kleider und zelebrierte
ihren langen, schmalen Mannequinkörper auch sonst
nicht speziell, mit Gelassenheit führte sie ihn durch Zü-
richs Straßen. Sie bemühte sich nicht, die Blicke auf sich
zu ziehen, und zog sie vielleicht gerade deshalb auf sich.
Mir jedenfalls fiel sie auf.

Das Mädchen fiel auch auf. Es war viel kleiner als seine
Schulkameradinnen. Es hatte überdurchschnittlich kurze
Beine und Arme, einen vergleichsweise kurzen Hals und
einen großen Kopf mit vorgewölbter Stirn.

Dann begegnete ich den beiden zusammen und begriff,
sie waren Mutter und Tochter. Ihre Gegensätzlichkeit
stach hervor, aber ebenso ihre Leichtigkeit, man sah sie oft
gemeinsam lachen.

Als Regula Mattmüller am 24. Mai vor siebzehn Jahren zur Entbindung ins Spital fuhr, fühlte sie sich unbeschwert und entspannt. Die Schwangerschaft war problemlos verlaufen. Sie war 28 Jahre jung und gesund, sie glaubte zu wissen, was auf sie zukam, sie hatte ja schon einen Sohn geboren. Man legte ihr dann ihre Tochter in die Arme. Ihr fielen die Schenkel auf, sie dachte, wie süß, Sofia hat so richtig üppige Frauenschenkelchen. Erst später bemerkte sie, dass dieser Eindruck von der überschüssigen Haut herrührte, die normal gewachsen war im Unterschied zu den Knochen.

Bald kam ein Assistenzarzt und sagte, Sofias Reflexe seien schwach. Irgendetwas stimme nicht, man müsse abklären, was genau, die dafür zuständigen Ärzte seien jedoch bereits im Pfingstwochenende. Die Angst ergriff Regula Mattmüller: »Der ganze Film lief da ab. Die wildesten Befürchtungen.« Sie zog Sofia einen Pyjama an und betrachtete den überflüssigen Stoff um Arme und Beine, und sie versuchte sich vorzustellen, wie es wäre, wenn ihr Kind das Laufen nie lernen könnte. Sie stellte sich vor, wie es wäre, wenn die Arme ihrer Tochter nicht genug wachsen würden, um sich selber die Haare waschen zu können. Ihr damaliger Mann kam zu Besuch mit ihrem zweijährigen Sohn, der eifersüchtig war auf seine kleine Schwester und ohne Ende quengelte. Das auch noch. Es wurde für Regula Mattmüller ein langes, verzweifeltes Wochenende, und darauf folgte ein schwieriges erstes Jahr, in dem sie sich oft alleine fühlte: »Es ging mir nicht so gut.«

Sofia litt unter sogenannten Dreimonatskoliken und weinte viel in dieser Zeit. Sie musste zahlreiche Untersuchungen über sich ergehen lassen, oft ins Spital. Einmal hatten die Ärzte den Verdacht, der Kopf wachse zu schnell im Verhältnis zum Körper, was zum Glück nicht zutraf. Bei Sofia war Achondroplasie diagnostiziert worden, eine Störung der Knorpelbildung, die zu Kleinwuchs führt und zu Gliedmaßen, die zu kurz sind im Verhältnis zu Rumpf und Kopf. Ihre Tochter würde höchstens 140 Zentimeter groß werden, sagten die Ärzte.

Das machte Regula Mattmüller traurig. Es machte sie traurig, dass ihre Tochter infrage gestellt und angestarrt werden würde, weil sie der Norm nicht entsprach. Es machte sie traurig, dass Sofia außergewöhnlich stark würde sein müssen, um Blicken und dem Mitleid der anderen standzuhalten. Und es machte sie traurig, dass auch sie als Familie immer auffallen würden. Sie fragte sich, wie sie diesem Kind helfen konnte, sich als richtig zu empfinden, obwohl andere es oft nicht so sehen würden. Wie sie ihm helfen sollte, Selbstvertrauen zu finden, wo es ihr selber fehlte.

Sie erinnert sich, wie kurz nach Sofias Geburt eine halbindische Krankenschwester zu ihr ins Zimmer kam, um ihr Orangeblütentee zu bringen, und wie diese sagte, Kinder würden sich ihre Eltern selber auswählen, Sofia sei zu ihr gekommen, weil sie die innere Kraft besitze, sie zu stützen: »Diesen Gedanken habe ich mitgenommen. Er hat mir geholfen.«

Die innere Kraft, oder vielmehr die Anlage dazu, war wohl tatsächlich da. Aber sie hatte einen Weg zurückzulegen von der erschreckten Mutter zu einer, die ihre Tochter mit Ruhe und Freude betrachtet. Auf diesem Weg habe sie vor allem von einer Person gelernt, sagt Regula Mattmüller, nämlich von Sofia. Sie hat von ihrem Blick gelernt, etwa damals, als sie das noch ganz kleine Baby mit Öl eingerieben und massiert hat. Sofia habe sie da unvermittelt angeschaut, »mit viel Stärke und Weisheit im Ausdruck. Das war ein sehr spezieller Moment, ich war danach ganz ruhig.« Auch mit ihrer Unbefangenheit half Sofia ihrer Mutter. Denn Regula Mattmüller haben die Blicke anderer Menschen auf ihre Tochter wehgetan. Sie reagierte mit einer Mischung aus Kränkung, Wut und Angst und musste lernen, diese Gefühle abzuwehren. »Sofia aber ignorierte die Neugier und die Kommentare und machte einfach weiter. Sie ist nie in Selbstmitleid verfallen.« Es gab noch einen Augenblick, der Regula Mattmüller im Rückblick zentral scheint: Als Sofia laufen lernte. »Als ich sah, wie sicher sie auf dem Boden stand, überkam mich das Gefühl, dass ich Sofias Freude mit meiner Angst entwertete. Ich realisierte, dass meine Angst in keinem Verhältnis stand zu ihrem Lebenswillen. Ich verstand plötzlich nicht mehr, wieso ich mir so viele Sorgen machte.«

Regula Mattmüller scheint darauf bedacht, dem, was andere als große Prüfung betrachten würden, ein kleinwüchsiges Kind, eine hellere Einschätzung zu geben: Anderssein als Glück. Sie glaubt heute, dass Sofias Frohsinn mit ihrer Konstitution zusammenhängt. Sie ist erleichtert, dass sie nicht schon während der Schwangerschaft wusste, was auf sie zukommen würde, denn sie weiß nicht, wie sie damals reagiert hätte. Ihr sei, als ob ihre Tochter ihr eine wichtige Lektion fürs Leben erteilt hätte: Sorge dich nicht auf Vorrat. Allerdings musste sie offen sein für diese Lektion. Sie sagt, dass ihr Sofia mit ihrem sonnigen, bodenständigen Wesen sehr geholfen habe. »Dank ihr habe ich Schritt für Schritt die Zuversicht gewonnen, dass ich für sie eine gute Mutter sein kann und dass sie ein eigenes Leben führen wird mit hellen und dunklen Tagen, ein ganz normales Leben eben, einfach in einem etwas kleineren Körper.«

Tatsächlich scheint sich Sofia Hefti – sie trägt den Namen ihres Vaters –, mit ihrer Kleinwüchsigkeit nicht mehr zu beschäftigen als mit ihrer Augenfarbe. Wenn man sie bittet, sich selber zu beschreiben, dann sagt sie, sie sei ein recht fröhlicher und aufgestellter Mensch, sie sei unkompliziert, offen und trotzdem vorsichtig. Sie kenne ihre Grenzen. Sie brauche viel Zeit für sich, in der sie Musik höre, Chillout oder Hip-Hop. Ihr sei es nie langweilig mit sich allein.

Sofia lacht ein bisschen und denkt nach. Wenn sie lacht, zeigt sie große, glänzende Zähne. Dann fährt sie fort, sich zu beschreiben, indem sie von ihrer Mutter spricht und ihrer Beziehung zueinander. Ihre Mutter sei ähnlich wie sie, offen, fröhlich, relativ unkompliziert, und ihnen beiden sei das soziale Umfeld wichtig. Streit gebe es kaum, sie fühle sich ihrer Mutter sehr nah. Wenn sie erzählt, schaut sie einem in die Augen, sie ist sehr direkt. Auch mit ihrem Bruder Sebastian streite sie selten. Sie sei froh, einen älteren Bruder zu haben, er sei ein sehr wichtiger Mensch für sie, obwohl sie nicht über Persönliches reden. Sie könnte es womöglich tun, tue es aber nicht, es sei nicht diese Art Beziehung. Er habe immer zu ihr gestanden, auch öffentlich. Als die Behindertenorganisation Pro Infirmis sie mal anfragte, bei der Plakatkampagne »Wir lassen uns nicht behindern« mitzumachen, habe er sich ohne Zögern mit ihr fotografieren lassen. Sofia macht eine längere Pause, sie hat keine Angst vor Pausen, und beschreibt dann ihr

Verhältnis zu ihrem Vater. Der sei ihr ebenfalls wichtig. Sie stritten sich öfter wegen Kleinigkeiten. Ihre Eltern seien geschieden, sie habe sich an den Zustand gewöhnt, der Vater wohne nur fünf Minuten von ihrer Wohnung entfernt, wenn sie ihn treffen wolle, könne sie das jederzeit tun. Manchmal würde er für sie kochen und wenn sie kurzfristig absage, sei er nicht erfreut, das könne sie verstehen.

Sofia hat jetzt bestimmt schon fünfzehn Minuten von sich erzählt. Wenn man ihr gegenübersitzt, fallen einem sehr schnell andere Dinge auf, als wenn man ihr gegenübersteht. Etwa ihre langen Haare, die sie manchmal nach hinten streicht, ihre Geradlinigkeit, ihre leichtfüßige Nachdenklichkeit. Beinahe finde ich es überflüssig, sie auf ihren Körper anzusprechen, was ich ihr sage.

»Ja?«, sagt sie. »Es ist kein Problem für mich, man kann mich offen damit konfrontieren.« Sie weiß nicht mehr, wie alt sie war, aber sie weiß noch, was ihre Mutter antwortete, als sie sie fragte, warum sie nicht so groß sei wie die anderen: »Sofia, du bist klein, aber du hast ein großes Herz.« Diese Antwort habe sie zufriedengestellt.

Dass sie in der Schule nie gehänselt wurde, erstaunt Sofia nicht, sie hat auch keine Erklärung dafür. »Es war einfach so. Ich wurde nie ausgelacht.« Wann immer ein Lehrer- oder Schulwechsel bevorstand, sei ihre Mutter hingegangen und suchte das Gespräch, das habe bestimmt geholfen. Vielleicht sei sie die ersten zwei Tage etwas angestaunt worden, dann habe sich das gegeben. Sie habe keine spezielle Behandlung gefordert und auch keine bekommen. Ihre Besonderheit sei einfach vergessen gegangen. Ein Turnlehrer habe einmal verlangt, dass alle

Schüler sich so breitbeinig hinstellten, dass die anderen untendurch kriechen konnten, erzählt sie. »Und der hat nicht mal dran gedacht, dass das bei mir nicht geht.«

Erst ein einziges Mal hat sie um Akzeptanz gezittert. Das war am ersten Tag ihrer Ausbildung zur Kinderbetreuerin: »Da hatte ich richtig Angst, dass man mich als Bezugsperson ablehnen könnte.« Sie habe den Kindern dann erklärt, dass nicht alle Menschen gleich groß würden, und das habe ihnen eingeleuchtet. Die Arbeit mit den Kindern gefalle ihr, obschon sie dabei körperlich an ihre Grenzen komme. Nach dem Praktikum wird die Berufsschule hinzukommen, Sofia wird viel lesen, schreiben und lernen müssen. Dinge, die ihr Mühe bereiten. Sie war keine gute Schülerin. Doch sie ist zuversichtlich, dass sie jemanden finden wird, der sie, wenn nötig, unterstützt.

So leicht Sofia mit Menschen umzugehen weiß und so einfach es ihr fällt, Beziehungen zu knüpfen, ihr Alltag bleibt anstrengend, und das wegen der leblosen Dinge. Für Kleider kann sie nicht in die Kinderabteilung, wegen der Proportionen. Ihre Mutter ist Textildesignerin von Beruf und passt ihr die Hosen an. Schuhe sind das Schlimmste. Sofia hat relativ große Füße, Größe 35, und auch relativ breite. Sie sucht endlos, bis ein Paar sitzt.

Gestelle, Schränke oder Billettautomaten stellen sie ebenfalls vor Probleme. Denn mit 128 Zentimetern ist Sofia etwa so groß wie ein achtjähriges Kind. Die Arbeit im Kinderhort erscheint ihr angenehm, weil das Mobiliar da auf Kinder ausgerichtet ist. Sonst ist sie oft auf einen Schemel oder auf Hilfe angewiesen. Bis jetzt sei sie in jeder Situation zurechtgekommen, sagt sie. »Das liegt wohl auch daran, dass meine Mutter mich zur Selbstständigkeit erzogen hat und ich darum das nötige Selbstbewusstsein habe.« Sie sei immer ihrem Alter entsprechend behandelt worden. Als sie aus dem Kinderwagenalter heraus war, hat ihre Mutter sie nicht weiter darin herumgefahren, obwohl es für sie bestimmt einfacher gewesen wäre. Die Möblierung zu Hause wurde nicht auf sie angepasst.

Aber, sagt Sofia, ihre Mutter habe immer Verständnis gezeigt, dass sie schneller ermüde als andere. Denn wo andere einen Schritt machen, macht sie mindestens zwei. Wo andere eine Treppenstufe nehmen, klettert sie im Vergleich auf einen Stuhl. Wenn sie von der Arbeit nach Hause kommt, ist sie so erledigt, dass sie oft nur Ruhe will. Ihre Mutter verstehe das und dränge sie nicht dazu, etwa Sport zu machen oder Geige zu üben.

Der Alltag erinnert auch Regula Mattmüller manchmal daran, dass ihre Tochter in einem Zwiespalt lebt. Einerseits sei sie wie alle anderen und wolle das auch sein. Andererseits sei sie eben doch anders und es müsse darauf Rücksicht genommen werden. Schwieriger als der Alltag seien die Behörden. Sollte Sofia zum Beispiel eines Tages Auto fahren wollen, würde die Invalidenversicherung für die Umrüstung des Wagens aufkommen. Regula Mattmüller aber beantragte ein Spezialfahrrad. Ihr Gesuch wurde abgelehnt. Sie war zunächst beleidigt. Ein wenig später stieß sie in einer Ecke ihres Herzens auf Erleichterung: Die Nichtunterstützung bedeutete auch, dass Sofia nicht mit fragloser Eindeutigkeit in die Kategorie der Behinderten fiel.

Seit der Operation ihrer O-Beine hat Sofia keine Schmerzen mehr. Sie hat damals mit ihrer Mutter überlegt, ob sie auch noch die Beinknochen verlängern lassen soll. Der Längengewinn von vielleicht zehn Zentimetern hätte sie etwa ein Jahr Behandlungszeit gekostet, sechs Monate davon im Rollstuhl. Sie hat abgelehnt. Das Glück, zehn Zentimeter näher bei der Mehrheit zu sein, schien ihr nicht so groß wie das Unglück, sich zwölf Monate lang nicht wohlzufühlen.

Sofia hat sich mit dem Leben in ihrem Körper arrangiert. Sie hat sich nie bemüht, herauszufinden, ob sie die zu Kleinwuchs führende Genveränderung von ihrer Mutter oder von ihrem Vater geerbt hat, oder ob sie wie in achtzig Prozent aller Fälle auf eine Neumutation zurückgeht. Und Sofias Umfeld hat sie in der fraglosen Akzeptanz ihrer Situation unterstützt. Sie war und ist von Freundinnen umgeben und verspürte deshalb nie ein Bedürfnis, andere kleinwüchsige Menschen kennenzulernen: »Ich brauche das nicht.«

Regula Mattmüller war einmal bei einem Treffen, das die Elternvereinigung kleinwüchsiger Kinder organisiert hatte. Sie ging kein zweites Mal hin. Es kam ihr vor, als seien all diese Eltern depressiv. »Die schienen vor allem sich selbst zu bemitleiden und es als gewaltiges Problem zu sehen, dass ihr Kind nicht dem Bild entsprach, das sie sich von ihm gemacht hatten.« Sie habe dieses Problem nicht. Austausch sei durchaus nett, allerdings nur mit interessanten Leuten. Die Gemeinsamkeit, ein kleinwüchsiges Kind zu haben, erzeuge nicht zwingend Nähe.

Aus der Gelassenheit, die Regula Mattmüller in Bezug auf ihre Tochter hat, sollte man nicht schließen, dass sie sich keine Gedanken macht. Bis jetzt ging es erstaunlich gut, bis jetzt hat Sofia ein Leben geführt wie ihre Freunde. Aber Sebastian, Sofias Bruder, hat seit einiger Zeit eine Freundin. Und auch ihre Freundinnen werden zunehmend Freunde haben. »Ihre Freundschaften waren Sofia bis jetzt unendlich wichtig und eine wesentliche Stütze«, sagt Regula Mattmüller. Sie hat beobachtet, wie niedergeschlagen Sofia war, wenn sie sich mit einer Freundin zerstritten hatte.

Als Mutter kann sie sich vorstellen, dass das Erwachen der Sexualität und die Sehnsucht nach einem Freund Sofias Leben noch stärker aus dem Gleichgewicht bringt als das anderer Jugendlicher. »Vielleicht entwickelt sie in Zukunft ein zunehmendes Interesse für andere Kleinwüchsige«, sagt sie. Vielleicht ist das das Ende eines normalen Lebens in einem besonderen Körper. Vielleicht kommt der Moment, wo ihr Umfeld Sofia ihr Anderssein brutal zu spüren gibt. »Aber vielleicht«, sagt Regula Mattmüller, »kommt dieser Moment auch nie.« Sofia sei eine frohe, lustige Person, sie sei sehr sinnlich und habe Sex-Appeal, sie ruhe in sich, das ziehe die Menschen an. Sie werde ihren Weg gehen.

Regula Mattmüller hält sich weiterhin an die Lektion, die Sofia ihr als Baby erteilt hat, nämlich sich nicht auf Vorrat Sorgen zu machen. Bisher fuhr sie gut damit. Etwa als sie dachte, dass es Sofia schwerfallen könnte, eine Lehrstelle zu finden: Sie fand sehr schnell eine.

Auf die Frage, ob sie sich wünsche, ihre Tochter wäre normal groß, sagt Regula Mattmüller: »Nein. Ich möchte Sofia nicht anders, als sie ist. Wäre sie anders, wäre sie nicht sie.«

Als ich Sofia frage, ob sie sich nach einem Freund sehne, antwortet sie knapp und ausweichend. Recht hat sie, denke ich. Denn was wäre das für ein Teenager, der kein Geheimnis macht um sein Herz. Auf die Frage, ob sie sich wünsche, normal groß zu sein, antwortet sie sofort: »Ich würde es nicht wollen. Weil ganz viel von meiner Persönlichkeit an meiner Größe hängt. Meine Freunde und meine Familie kennen mich so. Nicht anders.«

In der Wut nenne ich
ihn Staublappen

Für William Krause (37) ist die Beziehung zu seiner
Mutter ganz okay. Für Petra Krause-Wloch (59) nicht.
Sie hat eine gescheiterte Ehe, den Tod ihres zweiten
Mannes und einen sehr schweren Unfall weggesteckt.
Doch wie sie die trockene Distanziertheit ihres Sohnes
aushalten soll, weiß sie nicht. Sie sucht nach Gründen.
Er versteht nicht, wofür.

Der 27. November 1991, der Tag ihres Unfalls, hat sich
Petra Krause-Wloch so prägnant ins Gesicht geschrieben,
dass sich die Leute bis heute nach ihr umdrehen. Manch-
mal geht sie durch die Straßen wie durch ein Spalier von
Blicken. Ihre linke Gesichtshälfte ist voller Brandnarben.
Der Mund ist schief, von der Nase fehlt ein Teil. Wenn der
Wind durch ihre langen, blonden, lockigen Haare wirbelt,
fällt das fehlende linke Ohr auf.

Doch wenn sie einen mit forscher Herzlichkeit begrüßt,
sind diese Äußerlichkeiten schnell vergessen, und man
hat gar nicht das Gefühl, ein von den Wechseln des Le-

bens schwer gezeichnetes Opfer vor sich zu haben. Sie mustert mich mit wachen Augen und bugsiert mich mit Entschlossenheit ins Auto, redet fröhlich drauflos, sie kann rabiat werden, aber auch sehr leise.

Unglückliche Kindheit, unglückliche Ehe, Depressionen, glückliche zweite Ehe, der schwere Autounfall, der Tod ihres zweiten, geliebten Mannes – es ist nicht falsch, Petra Krause-Wlochs Geschichte so zusammenzupacken, nur ist es auch nicht richtig. Ihr Leben ist keine Fieberkurve, seine Höhen und Tiefen lassen sich nicht genau aufzeichnen, vielmehr vermischen sie sich auf schwer durchschaubare Weise. Außerdem fehlen in dieser Aneinanderreihung die Stationen ihres beruflichen Weges – sie sagt, sie habe sich immer über ihre Arbeit definiert, da sei sie wie ein Mann –, aber vor allem fehlen die Kinder. Sie wollte immer Kinder haben. »Erstens, weil ich es anders machen wollte als meine Mutter. Und zweitens, weil Kinder dem Leben Sinn geben.«

Mutter zu sein, das bedeutet für sie zuhören können. Nicht mehr und nicht weniger. »Wenn die Atmosphäre stimmt, fordern Kinder von selbst die Hilfe ein, die sie brauchen«, davon ist sie überzeugt. Also hat sie versucht, wach auf die Bedürfnisse ihrer Kinder zu reagieren. Eine Glucke war sie nie. Auch ging es ihr nicht in erster Linie darum, sich selbst fortzupflanzen: »Ich habe meine Kinder nie als mein Projekt betrachtet, wie das heute oft der Fall zu sein scheint.«

Folgerichtig hat sich Petra Krause-Wloch auf ganz verschiedene familiäre Verhältnisse eingelassen: Zeitweise lebten bei ihr unter einem Dach zwei leibliche Kinder aus erster Ehe, zwei Stiefkinder aus zweiter Ehe und zwei Pflegekinder. Und weil sie alle Kinder als Gottes Kinder betrachtet, hat sie zwischen ihnen keine Unterschiede gemacht. »Ich habe alle geliebt«, sagt sie. Trotzdem ist die Beziehung zu jedem von ihnen unterschiedlich gewachsen. Dass die Enge des Kontakts zu den sechs Kindern nichts mit dem Grad der Verwandtschaft zu tun hat, erstaunt sie nicht. Im Gegenteil, es bestätigt ihre Grundhaltung.

Ihre Pflegetochter Nicole, die erst mit siebzehn Jahren zu ihr kam, steht ihr heute am nächsten, auch im wörtlichen Sinne, denn sie wohnen im selben Haus. Nicoles inzwischen zehnjährige Tochter nennt Petra Krause-Wloch mit Selbstverständlichkeit »mein Enkelkind«. Ihre leibliche Tochter hingegen sieht sie drei- bis viermal im Jahr. Bei den wöchentlichen Telefonaten reden die beiden viel über Alltägliches, ein wenig über Privates und nie über Intimes. Die Verbindung zu Pflegesohn Thorsten, der seit seinem siebten Lebensjahr in ihrer Familie lebte, ist lose, aber sie nimmt diese Distanz nicht persönlich, Thorsten sei inzwischen verheiratet und stehe stark unter dem Einfluss der Ehefrau. Auch dass der Kontakt zu den beiden Stieftöchtern eingefroren ist, kann sich Petra Krause-Wloch mit den Umständen erklären: Nach dem Tod des Vaters habe die leibliche Mutter ihre Position wieder eingefordert, da sei kein Platz mehr für die Stiefmutter geblieben.

Wenn sie sich jedoch fragt, was zwischen sie und ihr erstes Kind William getreten ist, hilft ihr keine Erklärung, denn sie hat keine. Das Verhältnis zu ihm beschreibt sie als »sehr vorsichtig«. Sie sieht ihn nur an Weihnachten, und selbst dann geht er ihr aus dem Weg. Gratuliert sie ihm per SMS zum Geburtstag, kriegt sie vielleicht zwei Tage später ein sprödes »Danke« zurück. Und wenn sie einmal unter dem Jahr im dreihundert Kilometer nordwärts gelegenen Kiel anruft, dann beschleicht sie die Ahnung, dass nur das Pflichtgefühl William daran hindere, den Hörer gleich wieder aufzulegen. »Er lässt mich nicht an seinem Leben teilhaben, und er interessiert sich nicht für meines.« Er habe mit ihr abgeschlossen, so scheint es ihr, und sie weiß nicht, warum.

Sie weiß nur, wie weh das tut. »Was habe ich ihm angetan?«, fragt sie sich. Manchmal, an verhangenen Tagen, wird ihr Schmerz so stark, dass er sich in Tränen auflöst. »Dass ich nicht erfahren kann, wer ich für William bin, was ich ihm bedeute, das ist das Schlimmste«, sagt sie. Gerade weil es nichts Konkretes gibt, weder einen Streit noch sonstige Explosionen, besetzt William ihr Denken und Fühlen: »Von all meinen Kindern beschäftigt er mich am meisten.« Es erstaunt sie sehr, dass er sich überhaupt bereit erklärte, im Rahmen dieses Buches über ihr Verhältnis zu sprechen.

Er sei ganz leicht zu erkennen, schreibt William Krause in einer Mail, er trage einen rothaarigen Ziegenbart und kurze, blonde Haare. Als Treffpunkt wählt er einen neutralen Ort, die Campus-Suite am Europaplatz in Kiel. Während rund zwei Stunden wird er alle meine Fragen höflich und mit Sorgfalt beantworten, ausferndes Erzählen liegt ihm fern. Das Wörtchen »ich« vermeidet er nach Möglichkeit. Er verpackt sein Ich gern im allgemeinmenschlichen »man«. Das Verhältnis zu seiner Mutter beschreibt er zum Beispiel so: »Man weiß, was der andere macht. Wie es dem anderen geht, das erfährt man eher nicht.« Und: »Ideal wäre anders. Aber unsere Beziehung war immer schon so. Man gewöhnt sich daran.« Er habe seit zwei Jahren eine Freundin, mit der er glücklich sei, und er pflege zu Freunden eine eindeutig leidenschaftlichere Beziehung als zu seinen Eltern. »Für mich ist das okay«, sagt er. Und er ist überzeugt, dass auch seine Mutter ihre Distanz nicht als Problem empfindet. Von ihrem Kummer ahnt er nichts. Keinesfalls möchte er den Kontakt zu ihr verlieren, das lässt er ihr auf diesem Wege ausrichten, denn: »Die Mutter ist wichtig. Nicht in jeder Lebenslage gleich, aber wichtig. Ich liebe meine Eltern, ich liebe meine Mutter.«

Man muss William Krause fast drängen, wenn er erklären soll, warum er die Begegnung mit seiner Mutter so selten sucht. Es fehle wohl einfach das Bedürfnis. »Und man geht ja sparsam um mit seinen Ressourcen.« Für ihn heißt das, Unstimmigkeiten aus dem Weg zu gehen, wenn sie ihm unlösbar erscheinen.

Ihm ist beispielsweise bewusst, dass seine Mutter sich Sorgen macht um ihn. Was ist mit deinem Studium, wann beendest du es? Diese Fragen wälzt sie mit ihm und wohl auch ohne ihn. Er hat mehrmals versucht, sie zu beruhigen: »Ich selber mache mir keine Sorgen, also musst auch du dir nicht den Kopf zerbrechen.« Der Erfolg seiner Worte war gering. Er sieht keine Möglichkeit, sich ihr verständlich zu machen. Also hat er aufgehört, sich um Vermittlung zu bemühen. Seine Mutter weiche kein Jota von ihrer Sichtweise ab, er empfindet sie als starrköpfig und als übergriffig, denn sie glaube zu wissen, was für andere gut sei. Sie erinnert ihn an manche Eltern im Hochseilgarten, wo er als Erlebnispädagoge sein Geld verdient. Die überschwemmen ihre Kinder von unten mit Ratschlägen, obwohl sie sich selber auf dem sicheren Boden befinden und also keine Ahnung haben können, wie man sich oben in der Luft fühlt.

Ihre Nervosität um seine Zukunft erklärt sich William Krause auch mit der mütterlichen Wesensart. Seine Mutter sei sehr emotional, sie unternehme alles, um bei sich und anderen Gefühle hervorzuholen, Gefühle seien in ihren Augen ein Zeichen von Menschlichkeit. »Meine Mutter *will* sich Sorgen machen. Das ist ihre Art, unsere Beziehung am Leben zu erhalten«, sagt William Krause, der sich als gegensätzlich zu ihr charakterisieren würde, als ruhig nämlich, harmoniebedürftig und gelassen. Gelassen bleibt er auch beim Thema Anerkennung: »Man freut sich, wenn die Mutter stolz auf einen ist. Aber man kann auch ohne leben.«

Tatsächlich ist Petra Krause-Wloch nicht stolz auf ihren Sohn. »Dazu müsste er sein Sportstudium abschließen«, sagt sie. William sei 37 und habe nur Abitur. Sie lerne zwar immer mehr Leute kennen, die ohne Diplom ihren Weg machten. Trotzdem versteht sie Williams fehlenden Ehrgeiz nicht. »Wie mühselig wäre es, wenn er sein Leben mit 400-Euro-Jobs bestreiten müsste!« Sie habe ihn immer unterstützt und ihn gelehrt, wie wichtig es sei, zur Absicherung einen Abschluss zu haben. Und sie habe das selber vorgelebt. Etwa als man ihr nach dem Unfall zu verstehen gab, mit ihrem Aussehen sei sie als Krankenschwester nicht mehr zumutbar. Da hat sie mit fünfzig noch ein Studium aufgenommen. Heute ist sie diplomierte Pflegewirtin. Sie sei der Typ, der die Dinge zu Ende führe. Ganz anders als ihr Sohn: »Der ist ein Meister der Anfänge.«

Meteorologie, Physik, Sport, dann studierte er noch Sprachen, Französisch und Englisch und musste dazu das kleine Latinum machen. Wann immer der Druck zu groß wurde, ging er ihm aus dem Weg, so sieht sie das. Sie wollte dieses Verhalten nicht länger begünstigen und kündigte ihm die finanzielle Unterstützung. Natürlich habe er auch Pech gehabt, das gebe sie gerne zu. Die Hochschulreform Bologna habe ja quasi alles entwertet, was er vor der Reform getan habe. Und im Fach Erlebnispädagogik habe er alle Scheine gemacht, die man nur machen könne, doch der zuständige Professor sei entlassen worden, und jetzt wisse William wieder nicht weiter.

»Ja, wirklich«, sagt sie und schlägt mit der Faust auf den Tisch, »ich bin enttäuscht.« So laut sagt sie das, dass die Hündin Benita aus ihrem Schlummer aufwacht. Petra Krause-Wloch wird noch energischer: »Am meisten ärgert mich, dass William nicht darüber redet. Der kriegt seinen Mund nicht auf.« Nach einer kurzen Pause: »Wenn ich wütend bin, nenne ich ihn Staublappen. Weil er so trocken ist. Das hört er nicht gerne.«

Eigentlich wüsste sie genau, wie sie sich korrekt zu verhalten hätte: »Eine gute Mutter hilft ihrem Kind herauszufinden, wer es ist und was es will.« Im wirklichen Leben mit ihren Kindern war es ihr jedoch manchmal schwergefallen, das umzusetzen. Vor allem bei William.

Eltern, die es sich zur Aufgabe gemacht haben, das schlummernde Potenzial ihres Kindes zu wecken, können von der Förderung in den Förderterror abdriften. Das konnte Petra Krause-Wloch mit ihrem Sohn nicht passieren. Denn William traf seine Entscheidungen immer selbst. Bereits als Kind ließ er sie nie so nah an sich heran, wie sie sich das gewünscht hätte. Zum Beispiel weigerte er sich schon in der ersten und zweiten Grundschulklasse prinzipiell, Hausaufgaben zu machen. Pipifax sei das, zu einfach, unter seiner Würde sozusagen. »Was haben wir denn da für ein Kind?«, fragte sie sich befremdet.

Völlig mühelos glitt er durch die Schule. Nebenher betrieb er so viel Sport, dass sie sich wunderte, wie er das schaffte. Bei Turnieren war er ein begehrter Fußballer, umworben von der ganzen Region. Für alles, wo ein Ball im Zentrum stand – Tennis, Pingpong, Handball, Basketball – hatte er Zauberhände und -füße. Und solange er die Schule nicht schleifen ließ, sah sie keinen Grund, sein überbordendes Freizeitprogramm einzuschränken. Da gab es nichts zu tun, als ihn in Freiheit gewähren zu lassen.

Im Studium jedoch wurde die Freiheit zum Problem. Sie wuchs sich zur Orientierungslosigkeit aus. Es schien ihr, dass er weder seine Interessen noch seine Fähigkeiten kannte. »Nach dem Abitur begann William sich zu suchen«, sagt sie. Und sie konnte ihm nicht beistehen. Denn William war weit weg. Er ist es immer noch. Er ist ihr entrückt. Sie half ihm, einen Zivildienstplatz zu finden, und setzte sich dafür ein, dass sein erstes Studium wenigstens teilweise anerkannt wurde. Das war alles. Seither konnte sie nichts mehr für ihn tun.

Man sollte seinen Kindern ja mit Vertrauen begegnen, sagt sie. Was aber, wenn das Gefühl stark und stärker wird, der eigene, längst erwachsene Sohn verpatze sein Leben? Sie weiß nichts von William und sieht keine Möglichkeit zu handeln. Diese Ohnmacht macht ihre Trauer tief. »Andere Eltern haben das Problem, dass sie sich mit den Träumen ihrer Kinder nicht anfreunden können«, sagt Petra Krause-Wloch, »mein Problem ist, dass ich nicht einmal weiß, ob er Träume hat.«

»Mein Traum wäre, wenn meine jetzige Beziehung noch lange halten würde.« William Krause bleibt sachlich, selbst bei seinen Wünschen. Jedes Pathos liegt dem Sohn geschiedener Eltern fern, gerade in Beziehungsfragen: »Ich sehe das Leben und die Liebe realistisch. Beziehungen ändern sich und können wie Glas zerbrechen.«

Dass sich seine Mutter sorgt, weil er nicht erwachsen werden wolle, ist für ihn nicht nachvollziehbar. »Mit dem Sportstudium bin ich fast durch. Nebenbei arbeite ich. Die finanzielle Unabhängigkeit ist gewährleistet.« Kinder? »Wenn es sich ergibt, mit der richtigen Partnerin, warum nicht.« Zukunft? »Ich glaube nicht, dass meine Generation mit einer Rente rechnen kann.«

Der berufliche Schwebezustand beunruhigt ihn nicht. Wenn er von Unsicherheit redet, dann von seiner inneren, und die verortet er in der Vergangenheit. In seiner Schulzeit, sagt er, wäre die elterliche Sorge eher begründet gewesen als heute. »Denn damals war ich sehr zurückhaltend.« Er erinnert sich an die Aufforderungen seiner Mutter, seine Meinung laut zu sagen. Aber gleichzeitig denkt er daran, wie sie mit ihrer direkten Art im Dorf aneckte. »Vielleicht bin ich deshalb so lange mit der Masse geschwommen. Um möglichst unsichtbar zu sein.«

William Krause bezeichnet sich als Spätzünder. Seine Geschichte ist für ihn die Geschichte eines verzögert erwachenden Selbstbewusstseins. Die Studienzeit, in der seine Mutter ihn als entscheidungs- und durchsetzungsschwach empfindet, bewertet er ganz anders, als Zeit des Wachwerdens: »Erst da habe ich zu mir gefunden.« Und das heißt für ihn, dass er sich heute vom Zwang befreit sieht, anderen zu gefallen und einem falschen Bild zu entsprechen. Und dass er den Mut hat, Fehler zu machen. Immer noch sei er auf den Zuspruch von Freunden angewiesen, aber er sei bereit, seinen Weg zu gehen. Das ist für ihn eine Frage der Selbstachtung.

Auch sagt William Krause, dass er erst in diesen – in den Augen seiner Mutter verlorenen – Jahren jene Eigenschaften entwickelte, die er wohl von seiner Mutter geerbt habe. Auf die Frage, was ihn mit seinen Eltern verbinde, hätte er früher wohl geantwortet, dass er die Gelassenheit und das Harmoniebedürfnis seines Vaters und seines Stiefvaters geerbt habe. »Heute kann ich fortfahren und mit Fug und Recht behaupten: Und das Selbstbewusstsein und die Konfliktbereitschaft von meiner Mutter.«

William Krause erzählt noch mehr, das seine Mutter freuen dürfte: Zum Beispiel, dass die Art, wie sie nach ihrem Unfall aufgetreten sei, in ihm nachhalle. Seine Mutter habe sich nicht unterkriegen lassen. Je mehr es nach einer Niederlage aussehe, desto stärker wehre sie sich. Ihr Kampfgeist imponiert ihm und macht ihm Mut: »Ich glaube, davon könnte ich mir eine Scheibe abschneiden. Wenn sie es kann, kann ich es doch auch, schließlich bin ich ja ihr Sohn.«

Und er zählt auf, was seine Mutter dem Schicksal entgegengesetzt hat: Das Studium, nachdem sie gezwungen worden war, ihren Beruf als Krankenschwester aufzugeben. Die Arbeit als Dozentin für Pflegeschüler. Ihre Tätigkeit als Seminarleiterin. Ihr Buch über Brandverletzungen, das Opfern und Angehörigen hilft und heute bei der Krankenpflegeausbildung benutzt wird. Die Gründung des Bundesverbandes für Brandverletzte, deren Vorsitzende sie ist. Dafür sei sie sogar mit dem Bundesverdienstkreuz ausgezeichnet worden, sagt er, und in seiner Stimme schwingt Stolz mit.

William war sechzehn, als der Unfall geschah, in einem Alter, in dem man äußere Veränderungen nicht mag, weil im Innern rasende Entwicklungen stattfinden. Es war ein gewöhnlicher Tag. Seine Mutter war auf dem Weg zum Nachtdienst, er lag im Bett. Er erinnert sich noch genau, wie sein Stiefvater ins Zimmer kam und ihm mitteilte, seine Mutter schwebe in Lebensgefahr. »Das ist der Augenblick«, dachte er sofort, »der alles trennt in ein Vorher und ein Nachher.« Würde er wieder an die Ostsee ziehen müssen, nach Niendorf, zu seinem leiblichen Vater?

Drei Tage lang wusste niemand, ob seine Mutter überleben würde. Die Verbrennungen dritten Grades hatten 22 Prozent ihrer Haut zerstört, dazu kamen ein schweres Schädel-Hirn-Trauma, eine Rauchgasvergiftung und eine komplizierte Lungenverletzung. Nach sechs Wochen wachte sie aus dem künstlichen Koma auf. Baum, Unfall, Feuer, Flammen, irgendwie muss sie aus dem brennenden Auto herausgefunden haben. Sie konnte sich an nichts erinnern.

Sein Stiefvater hatte ihn vorbereitet. Dennoch erkannte William seine Mutter beim ersten Besuch im Krankenhaus nicht. Er erinnert sich, dass sie manchmal einfach losheulte, als sie wieder zu Hause war. Empfindlich und dünnhäutig sei sie geworden. Die Stiefoma habe sich um den Haushalt gekümmert, er selber sei irgendwie durch die Schule gekommen. Und er erinnert sich an seine Scham, etwa beim Dorffest. Seine Mutter habe sich nicht versteckt. Obwohl ihre Narben noch ganz frisch waren, ging sie auf die Menschen zu und begrüßte sie mit »Hurra, ich lebe noch!«. Dann seien sie gemeinsam in den Urlaub gefahren. Unter Fremden habe ihm das Aussehen seiner Mutter weniger zu schaffen gemacht.

Petra Krause-Wloch erinnert sich, dass William sie nach dem Klinikaufenthalt mit den Worten begrüßte: »Sei mir nicht böse, aber du siehst aus wie Frankensteins Braut.« Sie erinnert sich, wie schwer es für sie war, wieder ihren Platz zu finden in der Familie. Sie wollte sich nützlich machen, trotz und wegen ihres Handicaps. Doch die durch den langen Krankenhausaufenthalt abgebauten Muskeln und die Verbrennungen schränkten sie ein. Sie war schwach, und ihre Schwiegermutter war stark: »Sie war typisch für ihre Generation, die mit einer unzerstörbaren Energie den Krieg, die Flucht, alles Mögliche überstanden hatte. Diese Frau war gewohnt, die Zügel an sich zu reißen.« Petra Krause-Wloch vergleicht sie mit einem Mafiaboss, der seine Herrschaft mit Liebe gefestigt habe: »Sie hat einen mit Liebe erschlagen.« Es war ein harter Kampf, bis die Schwiegertochter die Fürsorglichkeit der Schwiegermutter in die Schranken verwiesen hatte.

Dass sie diesen Kampf durchstand, hat sie auch ihren Kindern zu verdanken, allen voran William: »Er gab mir gar keine andere Chance. Er sagte zu mir: ›Unser Stiefvater kann keine Ferien machen, jetzt sieh mal zu, dass du mit uns in Urlaub fahren kannst.‹« Pingpong, Fahrrad fahren, Ball werfen, er trainierte fast systematisch mit ihr und ließ nicht locker. Es wurde ein fröhlicher Urlaub.

Überhaupt sei die Familie zusammengewachsen durch ihren Unfall. Ihre Stieftöchter nannten sie auf einmal »Mama«. Seit dem Tod ihres zweiten Mannes und dem Tod der Schwiegermutter habe sich diese Verbundenheit leider wieder verloren. Sie sieht darin den Beweis, dass verschiedene Einflüsse auf den Zusammenhalt einer Patchworkfamilie wirken. Ein starker Wille allein reiche nicht aus.

Tatsächlich hat William Krause seine Pflegegeschwister und seine Stiefschwestern aus den Augen verloren. Nur mit seiner leiblichen Schwester hält er noch lockeren Kontakt. Und mit seinem Vater. Denn Leiblichkeit verpflichte, sagt er. Mit Geschwistern oder mit Eltern breche man weniger schnell als mit Freunden. Warum? »Eben weil sie mit einem verwandt sind.« Natürlich, sagt William Krause nach kurzem Nachdenken, natürlich sei eine Beziehung immer auch vom Verhalten abhängig: »Meine Schwester suchte meinen Rat, etwa bei Hausaufgaben oder so, meine Stiefschwestern taten das nicht.« Außerdem, fügt er hinzu, teile er mit seiner Schwester die Zeit der ersten Kindheitsjahre, die Landschaft der Ostsee, den Strand vor der Haustür. Der Umzug von Schleswig-Holstein nach Niedersachsen, wo es plötzlich Wald, jedoch kein Wasser mehr gab, war eine ziemliche Umstellung. Alles sei neu gewesen, das Haus, neue Geschwister, eine neue Oma, ein neuer Vater, ein netter Mann übrigens, ruhig und vertrauensvoll, der nie Druck gemacht habe. Und trotzdem. Die Erinnerungen an Niendorf würden ihn mit seiner Schwester verbinden, auch wenn sie nicht nur schön sind. Zwischen den Eltern herrschte oft schlechte Stimmung. Was streiten die schon wieder, hätten er und seine Schwester sich oft gefragt.

Wenn Petra Krause-Wloch die Geschichte ihrer ersten Ehe erzählt, holt sie aus. Sie zeigt auf einen Porzellanclown auf dem Nebentisch. Der Clown, der nach außen nicht zeige, wie es in ihm innen aussehe – so habe sie sich gefühlt.

Sie war geflohen vor einem engen Zuhause und einer liebevollen, aber kraftlosen Mutter, einer Sudetendeutschen, die zeitlebens unter ihrer Flucht gelitten hatte und mit Nervenproblemen kämpfte. »Wann immer sie sich überfordert fühlte, und das war oft der Fall, bat sie den Vater, die Kinder zu strafen, und der schrie und prügelte dann auf uns ein.«

Sie war um die zwanzig, als sie ihren ersten Mann kennenlernte. Er wirkte ruhig und introvertiert, also angenehm. Die Ehe mit ihm war ihr Fahrschein weg vom Leiden ihrer Mutter und der Gewalt ihres Vaters. Als sie schwanger war, empfand sie das als großes Glück. Und als sich herausstellte, dass es ein Junge wurde, war das Glück perfekt, denn ein Junge stärkte ihre Position in der Familie ihres Mannes. Die Frauen seiner Brüder hatten nur Mädchen zur Welt gebracht. Sie war es, die den Schwiegereltern den ersehnten Stammhalter schenkte.

Doch bald gesellte sich zum Glück auch Unglück. Immer ging es in ihrer Ehe um die Familie ihres Mannes. Schon der Name William war ein mühsamer Kompromiss. Nach ostpreußischer Tradition hätte sie ihren Sohn

Willi taufen müssen. Und ihr Mann, entdeckte sie, war im Prinzip genauso auf der Flucht vor seinen Eltern wie sie vor ihren. Nur entkam er ihnen nicht. Er scheute Bewegung, war freundlich, aber ohne Ehrgeiz. Also entzog er sich still. »Nach der Arbeit setzte er sich vor den Fernseher«, erinnert sie sich, »und trank ein Bier nach dem anderen, bis er einschlief, Abend für Abend.«

Die Schwiegereltern dagegen waren voller Energie. Kaum ging ihr Mann zur Arbeit, stand schon sein Vater vor der Tür, um ihre Wohnung abzusuchen nach einem möglichen versteckten Liebhaber. Dauernd standen die Schwiegereltern in ihrer Wohnung. Petra Krause-Wloch sah sich in einem Grabenkrieg, und ihr schwacher Mann stärkte ihr den Rücken nicht.

Sie habe damals erfahren, wie Unfreiheit einen Menschen verändern könne. So komplett, dass man sich selber nicht mehr verstehe, weder im Moment noch danach. Sie habe zu jener Zeit tatsächlich die Muster ihres Vaters übernommen – auch sie fing an, ihre Kinder anzuschreien und zu schlagen. Heute tut ihr das leid. Ein Psychologe sagte ihr, sie solle aufhören, sich mit Schuldgefühlen zu beladen, denn jeder könne nur so gut erziehen, wie er selbst erzogen worden sei. Das gab ihr Trost. Sie weiß heute aber auch, dass man sich aus schlechten Traditionen lösen kann. Ihr zweiter Mann half ihr dabei. Seine Güte färbte auf sie und ihr Verhalten den Kindern gegenüber ab.

Natürlich fragt sie sich dennoch, was ihre erste Ehe und ihre damalige Verfassung in William bewirkt haben, ob sein Suchen und die Distanz ihren Ursprung in diesen frühen Jahren haben könnten. Eine Frage, die sich nicht beantworten lässt und die sie doch mit sich herumträgt. Am Ende ihrer ersten Ehe fühlte sie sich nur noch überfordert, allein und hoffnungslos. Sie wurde depressiv, sodass ihr die Kraft für fast alles fehlte. Es wurde ihr unmöglich, William in den Kindergarten zu bringen. Petra Krause-Wloch wurde zur Erholung in die Kur geschickt. Dort lernte sie ihren zweiten Mann kennen.

William Krauses Erinnerungen an die Jahre mit seinem leiblichen Vater sind blass. Er entsinnt sich, dass seine Oma und sein Opa oft im Haus waren und der Vater nicht viel sagte. Und an die Zeit nach der Trennung, als sich sein Vater an den Besuchstagen bemühte, ihm die Wünsche von den Augen abzulesen. Und noch später, wie er sich für seine Eltern fast aufopferte, er pflegte den kranken Opa bis zum Schluss. William fürchtete, sein Vater könnte sich nach dem Tod seiner Eltern nicht mehr fangen. Er ist froh, dass er es schaffte.

Von der Depression seiner Mutter habe er damals nichts mitbekommen, sagt William Krause. »Dass ich plötzlich allein in den Kindergarten gehen musste, sah ich wohl eher als Aufforderung zur Selbstständigkeit.«

Doch die Scheidung konnte er nicht so leicht wegstecken. »Als Kind glaubt man, die Eltern bleiben ewig zusammen.« Wenn man dann erfahren müsse, dass dem nicht so sei, breche etwas weg, sagt William Krause: »Schlagartig wird man mit der Härte des Lebens konfrontiert.«

Petra Krause-Wloch hatte sich immer wieder gefragt, ob sie nicht in ihrer Ehe ausharren müsse, der Kinder wegen. Aber die Psychologin, bei der sie Hilfe suchte, riet ihr, an sich zu denken. Zweifel blieben. Es entlastete sie, als William ihr später einmal sagte, dass er glaube, ihre Entscheidung sei damals für alle das Beste gewesen: »Ich war froh, das zu hören.«

Als sie sich scheiden ließ, war ihr Sohn sieben Jahre alt. Er sei in dieser Zeit ganz still geworden, erinnert sich Petra Krause-Wloch. Sie hat sich seine Tierliebe zunutze gemacht und ist während dieser Jahre mit ihm zum Reiten gefahren, vierzig Kilometer hin, vierzig wieder zurück. Da hatten sie viel Zeit zu reden. »Das«, sagt Petra Krause-Wloch, »habe ich gut gemacht.«

Das gefesselte Herz

Marlene Nowak (45) musste um alles kämpfen in ihrem Leben. Auch für ihre Tochter legte sie sich enorm ins Zeug. Nur lieben konnte sie sie nie so, wie sie das von sich verlangte. Mit ihrer Magersucht habe sie die starke Mutter an den Rand ihrer Kräfte gebracht, sagt Adriana Nowak (27), und das war wichtig.

Natürlich hatte es Anzeichen gegeben, sie wollte sie nur nicht wahrhaben. Marlene Nowak erinnert sich, dass ihre Tochter Adriana sie besuchte, um den zweiten Geburtstag ihres Halbbruders Alexander zu feiern. »Sie machte ganz viel Sport, kaufte eine gigantische Torte, buk unzählige Törtchen – und aß nichts davon.« Zwei Monate später besuchte sie ihre Tochter in Berlin und sah, dass sie auffallend dünn war. »Misch dich nicht ein«, antwortete Adriana auf die Frage, was los sei. Wieder zwei Monate später rief ihre Tochter sie an und sagte, sie sei magersüchtig. »Diesen Moment vergesse ich nicht. Man hört ja immer davon, denkt aber nie, dass es einen selber treffen könnte.«

»Das ist fünf Jahre her«, sagt Adriana Nowak. Ihre Magersucht sei ein Befreiungsprozess gewesen, notwendig und jetzt abgeschlossen: »Mein Leben hing an einem Faden, und ich habe mich für meine alte Fröhlichkeit und Stärke entschieden.«

Marlene Nowak war achtzehn Jahre alt und schwanger von einem Mann, den sie nicht liebte. Trotzdem wollte sie das Kind, auch aus Trotz ihrer Mutter gegenüber. Sie erzählte ihr nichts, denn sie wusste, sie würde sie zur Abtreibung zwingen. Sie selber nahm ihre Schwangerschaft kaum wahr. Erst als das Neugeborene in ihren Armen lag, begriff sie, was los war. »Es ist unfassbar. Ich glaube wirklich, ich war überrascht, dass dieses Kind da war und dableiben würde«, sagt sie heute. Ihre Mutter hatte ihr klargemacht, dass sie mit ihrer Hilfe nicht rechnen könne. Marlene Nowak heiratete und zog zur Familie ihres Mannes.

Da saß sie nun zwischen Kind und Schwiegermutter, während ihre Freunde studierten und sich treiben ließen. Sie merkte bald, dass es ihr unmöglich war, zufrieden zu sein, nur weil sie ein Dach über dem Kopf und genug zu essen hatte. Sie dachte über Fluchtmöglichkeiten nach.

Im Januar 1988 reisten sie und ihr Mann aus dem polnischen Danzig über Dänemark nach Deutschland aus. Sie kamen zuerst in ein Aussiedler-, dann in ein Übergangslager, später in eine Wohnung in Berlin. Marlene Nowak sprach kein Wort Deutsch. Ihr polnisches Abitur wurde nicht anerkannt, sie hatte weder Ausbildung noch Freunde. Sie hatte nur einen acht Jahre älteren Mann, der sich als nicht zuverlässig erwies, und ihre Tochter Adriana, ein Jahr alt und zehn Monate.

Wann immer sie kann, besucht Adriana Nowak ihre Mutter, die heute in Brüssel wohnt. »Sie ist für mich die wichtigste Person geblieben.« Derzeit sind die Besuche seltener. Adriana Nowak ist heute 27 Jahre alt, verheiratet mit einem Investmentbanker, sie leben in Houston, Texas. »Die Beziehung zu meiner Mutter leidet deswegen nicht«, sagt sie. Sie hätten so viel zu zweit erlebt, dass ihre Nähe unzerstörbar sei. Sie empfindet ihre Mutter als starke Persönlichkeit und als sehr bestimmend. Sie ist stolz auf sie, weil sie eine äußerst schwierige Zeit souverän gemeistert und ihr gezeigt habe, dass man sein Leben ändern könne: »Meiner Mutter geht es heute gut.«

Adriana Nowak mag den neuen Mann ihrer Mutter. Er verkörpere das Gegenteil ihres Vaters. »Der hat in seinem Leben nichts anderes zustande gebracht, als meine Mutter zu schwängern – was jetzt aus meiner Perspektive kein Unglück ist.« Der Neue, mit dem ihre Mutter schon dreizehn Jahre zusammen ist, strahle Sicherheit aus, er ärgere und freue sich über sie, und wenn sie ihn brauche, sei er für sie da. Er verhalte sich wie ein Vater, also betrachte sie ihn als solchen, sie bewerte die soziale Vaterschaft höher als die biologische.

Adriana Nowak hat jetzt die Familie, nach der sie sich eine Kindheit lang sehnte. »Ich bin ein Familienmensch«, sagt sie. Sie erinnert sich, dass sie bei ihrer Mutter immer um ein Geschwister gebettelt hat. Als vor sieben Jahren ihr Halbbruder Alexander zur Welt kam, war er wie ein Geschenk. »In der ersten Zeit kümmerte ich mich so sehr um

ihn, dass manche Leute sagten, Alexander habe zwei Mütter.« Bis heute backt Adriana die Torte, wenn er Geburtstag hat, und organisiert die Party.

Sie freut sich für ihren Bruder, dass er in intakten Verhältnissen aufwachsen kann. Ihre eigene Kindheit? »Es
gab gute und schlechte Erfahrungen.« Die guten hängen
mit ihrer Mutter zusammen, der sie auch äußerlich ähnlich ist. Die schlechten mit dem Vater. Wenn sie sich an
ihn erinnert, sieht sie eine vollgequalmte Wohnung und
einen Mann, der manchmal schon am Nachmittag im Ses-
sel versackt, mit einer Bierflasche in der Hand. Sie fühlte
sich von ihm verraten, als sie zehn Jahre alt war und ihre
Mutter sich von ihm getrennt hatte. An seinen Besuchstagen tauchte er oft nicht auf. Falls doch, versuchte er sie
später von ihrem Treffpunkt beim Jugendamt aus nach
Hause zu verfolgen, um die neue Adresse seiner Exfrau zu
erfahren.

Heute denkt Adriana Nowak kaum noch an ihn. Sie
spürt nicht einmal Hass, obwohl sie glaubt, dass sie ihre
Verlustängste von ihm hat: »Weil ich wusste, dass ich auf
ihn nicht zählen kann, war Marlene umso wichtiger für
mich. Ich hatte nur sie.« Wenn ihre Mutter alleine joggen
ging, hatte sie Angst. Wenn ihre Mutter sagte, sie sei um
elf zu Hause, telefonierte sie ihr spätestens zehn nach elf
hinterher. Das geringe Vertrauen in andere und damit in
sich selbst habe sie auch in ihre inzwischen zehnjährige
Partnerschaft getragen. Sie wollte ihrem Mann immer die
perfekte Freundin sein und überraschte ihn während Jahren mit kleinen Geschenken. »Und wenn wir Streit hatten,
heulte ich, weil ich überzeugt war, er verlässt mich.«

An ihrem Platz im Herzen der Mutter hingegen zweifelte sie nie. »Sie war immer liebevoll. Es gibt nichts, was ich Marlene nicht verzeihen könnte.« So verzeiht sie ihr auch die wortkarge Selbstbeherrschung. Sie leidet zwar manchmal darunter, hat aber eine Erklärung dafür: »Sie war ein abgeschobenes Kind, war oft bei ihrer Oma, weil ihre Mutter sie nicht haben wollte.« Vielleicht habe sie sich darum antrainiert, Härte zu zeigen.

Auch wenn Marlene Nowak ihrer Tochter zustimmt, dass die Erfahrungen ihrer Jugend sie Härte lehrten, sieht sie nicht hart aus. Im Gegenteil. Sie hat tiefbraune Augen, braune, lockige Haare und wirkt wie eine Blume, bewundert und genährt. Tatsächlich ist sie eine Kämpferin. Sie hat um die Liebe ihrer Mutter gekämpft, um die Befreiung von ihrer Schwiegermutter, um die deutsche Sprache, um das Diplom als Physiotherapeutin, um die Scheidung und um gute Schulen für die Tochter. Heute kämpft sie um mehr Gelassenheit. »Mit mittelmäßigem Erfolg«, sagt sie, »doch ein bisschen weicher bin ich schon geworden.«

Als Adriana geboren wurde, nahm sie sich vor, alles anders zu machen als ihre Mutter, die sie oft alleine gelassen und ihr täglich zu verstehen gegeben hatte, dass sie sie störte. Und die sie als Konkurrenz sah: »Sie wollte die Blicke für sich, die zunehmend mir galten.« Adriana durfte ihre Großmutter nie Oma nennen, denn als Oma sah sich Marlenes Mutter zuletzt. Sie habe sich und ihr Verhalten nie infrage gestellt. »Sie fand sich immer tadellos.« Vor drei Jahren brach Marlene Nowak den Kontakt zu ihr ab.

Sie denkt ohne Schonung über sich und ihre Tochter nach. So sucht sie auch die Gründe für Adrianas Ängste bei sich, obwohl Adriana den Vater verantwortlich macht. Sie habe sich in der Beziehung zu Adriana ganz auf das Verbindende konzentriert. »Sie sollte all das bekommen, was ich als Kind vermisst hatte.« Sie ließ ihre Tochter nie allein. Sie spielte mit ihr, bastelte, las ihr Bücher vor. Sie lud andere Kinder ein, damit ihre Tochter nicht als einsames Einzelkind aufwuchs. Sie brachte sie zum Schlittschuhlaufen und in den Schwimmclub, weil sie nie still stand: »Es war anstrengend. Heute würde Adriana wahrscheinlich als hyperaktiv eingestuft werden. Damals machte ich mir keine Gedanken.« Marlene Nowak umsorgte ihre Tochter nonstop, obwohl sie sich eingestehen musste, dass sie gern mehr allein gewesen wäre. Sie habe sich bemüht, diesen Wunsch vor Adriana zu verbergen. »Aber unterschwellig habe ich es ihr wohl doch vermittelt, das geht ja gar nicht anders.«

Ihre erste Ehe war von Beginn an ein Fehler. Ihr Mann kümmerte sich weder um sie noch um die Tochter. Doch sie simulierte, wohl auch Adriana zuliebe, zehn Jahre lang Familienleben. Ein unhaltbarer Zustand, dennoch denkt Marlene Nowak, dass Adriana unter der Scheidung gelitten hat. Sie spürte, dass ihre Tochter eine harte Zeit hatte, als ihr das Desinteresse ihres Vaters klar wurde. »Dennoch habe ich deswegen nie das Gespräch mit ihr gesucht. Ich war sogar froh, dass sie nicht darüber sprach. Das würde ich heute anders machen.«

Die Schuldgefühle wurden nicht geringer dadurch, dass sie nach der Scheidung auflebte. Sie fühlte sich jung und hungrig. Sie hatte Arbeit, verdiente Geld, bekam Anerkennung von allen Seiten. Sie hatte schnell viele Freunde und einen neuen Mann. Wenn sie über Silvester zum Skilaufen fuhren oder für ein Wochenende auf einen Bauernhof, war Adriana zwar immer dabei. »Trotzdem war sie oft auf sich gestellt. Ich weiß nicht, ob es Egoismus war oder fehlendes Einfühlungsvermögen, wahrscheinlich beides, aber mein Verhalten glich damals dem meiner Mutter.«

Marlene Nowak analysiert auch ihre Gefühle für ihre Tochter mit Nüchternheit. Hier sei es am schwierigsten, dem Schatten ihrer Mutter zu entkommen. »Die Frage stellt sich, was ich bei meiner eigenen Tochter an die Stelle der offenen Abneigung gesetzt habe, die meine Mutter mir entgegengebracht hat.« Ihr Verdacht ist, dass sie die Zuneigung zu Adriana eher organisierte als spürte. »Das Emotionale war gestört. Ich konnte meine Liebe nicht zeigen. Auch körperlich nicht. Ich habe sie wenig in den Arm genommen.«

Sie fragt sich heute oft, warum ihr das mit Adriana schwergefallen ist und jetzt mit dem Sohn leichter fällt: »Denn ich liebe sie ja nicht weniger als Alexander.« Vielleicht sei die Verletzung, die sie von ihrer Mutter erfahren habe, so tief, dass sie sich stellvertretend an ihrer Tochter zu rächen versuchte. Vielleicht habe es damit zu tun, dass Adriana die Tochter eines Mannes sei, den sie nie geliebt habe. Wie auch sie, Marlene, die Tochter eines Mannes sei, den ihre Mutter nie geliebt habe. Eine dritte Erklärung für ihre mangelhafte Hingabe findet Marlene Nowak in ihrer Jugend: »Ich war sehr unerfahren. Überfordert. Ich hätte selber Hilfe gebraucht.«

Natürlich habe sie als Kind die Unstimmigkeiten zwischen ihren Eltern mitbekommen, sagt Adriana Nowak. Sie habe erlebt, wie ihre Mutter sich von Hoffnung zu

Hoffnung hangelte, ihr Mann würde das Trinken aufgeben und arbeiten. Sie sei froh gewesen, als ihr Vater seine letzte Chance verspielt und ihre Mutter mit ihr die Wohnung verlassen habe. Und selbstverständlich habe sie es als ihre Aufgabe gesehen, ihrer Mutter in dieser Zeit nicht zusätzlich Kummer zu bereiten. »Ich war kein schwieriges Kind. Nie frech, sondern fröhlich und kontaktfreudig.« Auch ihre Pubertät sei ohne Exzesse verlaufen. »Im kindlichen Größenwahn fühlte ich mich zuständig für das Glück meiner Mutter.« Und vielleicht hätte sie ihr sogar helfen können, denkt sie. »Ich bin ja ihr Kind, ich hätte sie trösten können.«

Doch ihre Mutter habe keine Hilfe zugelassen. »Marlene ist kein emotionaler Typ.« Wut zeige sie zwar, aber alles Verletzliche verberge sie. »Sie behandelt ihre Ängste wie ein Staatsgeheimnis.« Ein einziges Mal nur habe sie Marlene weinen gesehen. Sie weiß bis heute nicht, ob ihre Mutter sie nicht belasten wollte oder konnte. Ob ihre Unzugänglichkeit Rücksichtnahme war oder Blockade.

Die strikte Zurückhaltung ihrer Mutter in Momenten der Schwäche blieb: »Wenn es ihr schlecht geht, merkt man es irgendwie, reden tut sie nicht darüber.« Adriana Nowak würde es als Anerkennung ihres Erwachsenseins betrachten, wenn Marlene ihr ihre Gefühle zeigen würde. Ihre Mutter behandle sie jedoch immer noch als Tochter. »Ich wünschte mir, sie sähe mich als Freundin.«

Adriana Nowak vergleicht. Sie stellt fest, dass ihr Bruder Alexander es am besten habe mit einem ihn liebenden Vater, einer ihn liebenden Mutter und einer ihn liebenden Schwester. Sie selbst habe es am zweitbesten, denn sie habe eine Mutter, auf die sie zählen könne. Ihre Mutter hingegen habe das schlechteste Los gezogen, weil sie ganz ohne Unterstützung auskommen musste.

Doch auch Adriana Nowak fühlte sich schutzlos, als sie 21 Jahre alt war und sich plötzlich allein in Berlin wiederfand. Ihre Mutter war mit ihrem Mann und dem Baby nach Brüssel gezogen. Ihr damaliger Freund und heutiger Mann arbeitete in London an seiner Karriere. Sie war immer gern zur Schule gegangen, aber jetzt hatte sie ihr Abitur und wusste nicht, was anfangen damit. Sie entschied sich halbherzig für ein Geografiestudium. »Vor allem spürte ich, dass alles außer Kontrolle gerät. Und dass das Essen das Einzige ist, was ich noch kontrollieren kann.«

Marlene Nowak erinnert sich, dass Adriana ihre Magersucht zunächst mit einer ambulanten Therapie zu bekämpfen versuchte. »Als sie uns das nächste Mal besuchte, war sie noch dünner geworden und sehr gereizt, Alexander heulte die ganze Zeit, und ich stritt mich mit meinem Mann.« Zwei Monate später war Weihnachten und Adriana kam nach Brüssel. »Und da war sie am Ende.« Marlene Nowak sieht ihre dünnen Hände vor sich und wie sie ihren Körper in fünf Pullover hüllte und immer noch wie ein Strich aussah. »Sie war mir so fremd. Es war mir nicht möglich, sie in den Arm zu nehmen.«

In nächtelangen Diskussionen konnten sie und ihr Mann Adriana von einer stationären Behandlung überzeugen. Adriana wünschte, dass ihre Mutter sie in die Klinik begleitete. Marlene Nowak war unsicher. »Ich überlegte lange, weil ich nicht wusste, ob Adriana mich manipulierte, oder ob es die Art von Versicherung war, die sie jetzt brauchte.«

Schließlich brachte sie ihre Tochter hin, sprach mit ihrer Psychotherapeutin, »eine ganz bodenständige Person, und ich dachte, das ist genau das Richtige für Adriana«. Es war es: »Die Magersucht war ein Hilfeschrei: Ich bin auch noch da! Vergesst mich nicht! Mir wurde klar, dass Adriana mich immer noch sehr braucht. So sehe ich das heute.«

Sie habe noch nie so viel geheult und noch nie so viel gelacht wie in diesen drei Monaten in der Klinik, sagt Adriana Nowak. Sie habe gelernt, dass Essen oder Nicht-essen nicht Ausdruck von Emotionen sein dürfe. Sie habe Ängste und Abhängigkeiten aufgearbeitet und begriffen, dass sie sich selbst zum Verschwinden bringe, wenn sie ihr Leben auf den Applaus anderer ausrichte. »Und nicht zuletzt habe ich mich mit meiner Magersucht ein Stück weit von meiner Mutter befreit.« Sie habe sie hilflos erlebt wie nie zuvor. Und gemerkt, dass ihre starke Mutter ihr nicht helfen könne, nur sie selbst.

Seither tut sie auch Dinge, von denen sie weiß, dass sie dafür nicht mit der mütterlichen Billigung rechnen kann. Als sie etwa kürzlich am Telefon erzählt habe, dass sie sich einen Hund anschaffen wolle, sei ihre Mutter sofort ausgetickt. »Nein, das kannst du nicht machen, was willst du mit einem Hund, einen Hund kannst du haben, wenn du in Rente gehst.« Früher hätte sie das wohl abgehalten. »Jetzt ließ ich mich davon nicht mehr beeindrucken. Chester gehört jetzt zu mir, und ich liebe ihn abgöttisch.«

Trotzdem gelingt es ihrer Mutter immer noch, ihr Dämpfer zu versetzen. Adriana Nowak arbeitet derzeit in einem Fitnessstudio. »Mir macht das Spaß, aber Marlene gefällt das überhaupt nicht. Und das sagt sie sehr klar.«

»Ja, das ärgert mich maßlos«, sagt Marlene Nowak. Adriana habe nicht studiert, um sich in der amerikanischen Provinz Steppaerobic-Choreografien auszudenken. Dafür müsse sie nicht fünf Sprachen sprechen. »Dafür braucht sie weder Russisch noch Polnisch, Deutsch oder Französisch, ja nicht mal Englisch«. Dafür hätte sie nicht als Erasmus-Studentin nach Lille gehen müssen. Dafür habe ihr Ehemann sich nicht um einen Praktikumsplatz in Finnland für sie bemüht. »Nein, ich bin wirklich sauer.« Sie sage ihrer Tochter immer wieder, dass sie an sich denken müsse, dass sie nicht blind der Karriere ihres Ehemannes folgen dürfe.

Die Ratschläge ihrer Mutter gingen ihr manchmal auf die Nerven, sagt Adriana Nowak. »Sie macht mir die Hölle heiß, dass ich mich um meine Zukunft kümmern soll.« Doch sie wisse heute, dass sie überall glücklich sein werde, solange sie ihre Familie hinter sich habe. Und dass ihre Mutter sich so aufrege, sei für sie gleich doppelt gut: »Ich spüre meine Unabhängigkeit. Und ihre Sorgen zeigen mir, dass sie wirklich hinter mir steht.«

Die Namen in diesem Text wurden geändert.

Hinter Gittern

Nichts hätte die beiden einander so nahe bringen können wie das Gefängnis von Straubing. Dort sitzt Bence
Toth junior (37), weil er seine Tante getötet haben soll.
Und sein Vater, Bence Toth senior (65), kämpft seit
dem Tag des Urteils um den Beweis der Unschuld seines Sohnes.

Die Begegnungen mit Bence Toth und seinem Sohn gleichen Namens waren überraschend heiter.

Bence Toth senior traf ich im Augustiner Biergarten in
München, und das Bier mag zur wechselhaften bis guten
Stimmung beigetragen haben.

Bence Toth junior traf ich in einem fensterlosen Raum
im Hochsicherheitsgefängnis Straubing. Meine Vorstellung
lief auf einen Mann hinaus, der hätte blass sein müssen,
gedämpfte Gesten, belegte Stimme. Sieben Jahre hinter un-
überwindbaren Mauern müssen einen Menschen formen,
erst recht, wenn erfreuliche Aussichten fehlen, denn ge-
mäß Gerichtsurteil wird er lebenslang hier sitzen. In einem

der spektakulärsten Mordprozesse Münchens – 93 Verhandlungstage, fünfzehn Monate Sitzungsmarathon, Proteste im Saal, Hungerstreik des Angeklagten – wurde Bence Toth für schuldig befunden, seine millionenschwere Tante mit 24 Hieben auf den Kopf erschlagen zu haben. Die Frage, womit er zugeschlagen haben könnte, blieb offen, nicht aber die des Motivs: Habgier.

Blass und schmal war Bence Toth dann tatsächlich, jedoch nur äußerlich. Seine schwarzen Kleider unterstrichen auch seine Wachheit, seine Lebendigkeit und seine immer wieder aufbrausende, lautstarke Wut über die bayrische Justiz und über die Zustände im Gefängnis, eine Wut, die er mit Selbstironie zu zähmen weiß: »So, das wäre mal wieder die obligatorische Tirade gewesen.«

Er kann lachen, nicht zuletzt über sich selbst. Er versucht, den Umständen mit Disziplin und einem privaten Glück im Kopf zu trotzen. Er übt Saxophon und Bass: »Eine Fuge von Bach zu spielen, das ist ein Kissen für die Seele.« Er lernt Japanisch und hofft auf die Bewilligung, sich ein Italienisch-Lehrbuch kaufen zu können und einen Fernkurs in Wirtschaftswissenschaft: »Wenn ich schon dumm geboren bin, will ich wenigstens nicht dumm sterben.« Er liest viel Philosophisches, derzeit die *Kritik der reinen Vernunft* – und wenn er den Ausführungen Immanuel Kants nicht immer folgen kann, dann liegt das seines Erachtens auch am Gefängnis: »Ich mache mir keine Illusionen, ohne veritablen Haftschaden kommt man nicht davon. Wenn ich die transzendentale Deduktion nachzuvollziehen versuche, merke ich, wie sehr ich schon abgebaut habe.« In der Zelle gibt es einen Fernseher, er schaut nur selten: »Mit Fernsehen verblödet man noch schneller als ohne.« Auch körperlich will Bence Toth sich fit halten. Täglich ab halb vier, nach der Arbeit in der Gefängnisdruckerei, dreht er seine Runden im Hof, 108 Meter und noch einmal 108 Meter und noch einmal, bis hin zur Erschöpfung. »Ich bin im Moment ein Kämpfer«, sagt er, »und das ist sehr leicht, denn ich habe keine Alternative.« Gleichzeitig sagt er: »Ohne meinen Vater wäre ich verloren.«

Höchstens fünf Stunden im Monat kann Bence Toth seinen Sohn sehen. Wenn nicht Freunde oder Bences Verlobte die Besuchszeit beanspruchen, fahren er, seine Frau und sein zweiter Sohn Mate jeden Sonntag die hundertsiebzig Kilometer von Starnberg nach Straubing.

Zusammen mit den Angehörigen anderer Häftlinge warten sie dort im Empfangsraum auf den Aufruf der Vollzugsbeamten, um den Metalldetektor zu passieren. Meist herrscht Schweigen. Eltern von Gefangenen wollten ihre Erfahrungen nicht mit den Eltern anderer Gefangener teilen, da sei eine gewisse Isolation erkennbar, offenbar stelle der eine für den anderen nicht die Gesellschaft dar, die man suche. Toth senior vermisst den fehlenden Austausch nicht: »Man muss sowieso allein mit der Situation fertig werden.«

Das Einzige, was er Bence mitbringen darf, ist ein halber Liter Limonade, die er vor dem Besuchsraum für achtzig Cent aus einem Getränkeautomaten löst. Einmal pro Monat kann er überdies beim Gefängnispersonal für einen Euro und zehn Cent eine Tafel Schokolade kaufen, die seinem Sohn dann übergeben wird. Andere Geschenke sind verboten.

Toth sagt, auf dem Hinweg seien er und seine Familie jeweils still und bedrückt, auf dem Nachhauseweg »leichter im Kopf und im Herzen«. Denn Bence gebe ihnen Kraft: »Das ist der Wahnsinn. Nicht wir geben ihm Kraft, sondern er uns.« Toth hat eine Erklärung für die Stärke seines Sohnes: »Seine Unschuld. Er ist stark, weil er die Wahrheit sagt.«

Umgeben von Kameras und den anderen Besuchern sitzen Vater und Sohn einander gegenüber, am Ende des Raumes das Aufsichtspult mit den Monitoren. Manchmal hätten sie es lustig und lachten, sodass die Wächter sich wunderten. Doch Toth bleibt immer vorsichtig: »Alles wird überwacht, aufgezeichnet. Man weiß nie.« Man müsse sich mit einem Wimpernschlag verständigen, sagt er.

Inzwischen darf er mit seinem Sohn in ihrer Muttersprache Ungarisch reden. Als Bence noch in Untersuchungshaft saß, war das verboten. Obwohl der Vater Toth fließend Deutsch spricht, schien es ihm immer, als trenne ihn eine Wand von seinem Sohn. In der ersten Zeit sei er derart schwach und »der Tränen voll gewesen«, dass er die Begegnungen nie überstanden habe, ohne zu weinen: »Ich konnte es nicht ertragen, mit anzusehen, was Bence angetan wird, diese Ungerechtigkeit.« Seine Frau sei in diesen Situationen stärker gewesen, sie habe sich besser unter Kontrolle. Doch Toth schämt sich für seine weiche Seite nicht, im Gegenteil, er betont sie. »Tränen fangen dort an, wo kein Wort mehr reicht, die Liebe auszudrücken«, sagt er. Dank seiner Tränen habe sein Sohn verstanden, wie sehr er mit ihm fühle. »Unser Verhältnis war immer schon sehr gut. Aber seit Bence im Gefängnis sitzt, ist es noch enger geworden.«

Bence Toth, der Sohn, sieht das ebenso. So paradox es sei, er treffe seinen Vater jetzt öfter als vorher und ihre Begegnungen hätten eine andere Qualität, sie seien intensiver geworden. Vor der Inhaftierung habe er ihn vielleicht zweimal im Monat gesprochen, und oft seien sie während der Gespräche abgelenkt gewesen. Jetzt hingegen sitze man sich für eine Stunde konzentriert gegenüber. Unbezahlbar sei auch die Vorfreude: »Meine Familie, meine Freunde, meine Verlobte sind meine Fenster zur Welt.« Sie sind auch sein Spiegel: »Wenn man sich nicht ab und zu beweisen kann, dass man noch in der Lage ist, ein vernünftiges Gespräch mit vernünftigen Menschen zu führen, verliert man das Vertrauen in sich selbst ganz schnell.« Und noch existenzieller: »Dank meiner Besucher weiß ich wieder halbwegs, wer ich bin.«

Die Besuchszeiten, sagt Bence Toth, seien ein Schonraum der Liebe. Da könne er sich anders fühlen als in den Fängen des Gefängnispersonals, das alles daransetze, einen als Nichts zu behandeln. Und anders als in der Gesellschaft der anderen Gefangenen, wo das Grundgefühl immer und überall Misstrauen sei. Denn auch unter den Häftlingen gebe es Aufpasser, die um den Preis kleiner Privilegien bereit seien, andere zu denunzieren. Schnell sei ein halber Satz ein ganzer zu viel. Dieses elende Leben halte man nur aus, wenn man ihm ab und zu entweichen könne. In ein freundliches Gesicht zu blicken, gestreift zu werden von einem Lächeln, einem unvoreingenommenen Lächeln ohne Hintergedanken – furchtbar banal, aber das empfinde er als das größte Geschenk, und das sei innerhalb dieser Mauern nur im Besuchsraum zu haben. Deswegen sei er so sehr auf die Begegnungen mit seinen

Nächsten angewiesen. Seine geistige und seelische Verfassung hänge wesentlich davon ab.

Unabdingbar ist dabei für ihn, dass die Besuche nach gewissen Regeln verlaufen: »Die kritischen Punkte immer am Anfang. Das absolute Verbot: Im Streit auseinandergehen. Passiert es doch, sitze ich ein, zwei Wochen da, und es gärt. Das reine Gift. Die Hölle.« Kürzlich vergaß sein Vater, ein Telefonat zu machen, um das er ihn gebeten hatte, da geriet er so sehr in Rage, dass er sich noch nicht wieder beruhigt hatte, schon war die Besuchszeit um. Bence Toth konnte die Nachlässigkeit seines Vaters nicht fassen: »Was ihn eine Minute kostet – zum Hörer greifen, Nummer wählen, fertig –, kostet mich ein halbes Jahr!« Für jeden Brief muss er eine Bewilligung einholen. Kriegt er sie, ist er nicht sicher, ob seine Post den Adressaten wirklich erreicht. Manche Briefe würden einfach verschwinden. Schicke er den Brief per Einschreiben, wecke er die Wachhunde, außerdem koste es Geld, was er, bei einem symbolischen Verdienst von einem Euro die Stunde, nicht habe, alles unendlich kompliziert. Ja, und da sei er wegen dieses Telefonats eben ausgerastet.

Fehlendes Einfühlungsvermögen legte seine Familie in seinen Augen auch beim Herzinfarkt seines Vaters an den Tag. »Nach dem Krankenhausaufenthalt kam er mich besuchen, er sah blass und mitgenommen aus«, sagt Bence Toth. Der Zustand seines Vater habe ihn sehr beunruhigt, und er hätte von seiner Mutter erwartet, dass sie ihn im Minimum mit einer Postkarte auf dem Laufenden halten würde: »Blutdruck des Vaters, Puls des Vaters, Vater lebt, Gruß Emese – etwas in der Art.« Doch nichts dergleichen. Bence Toth schlägt wiederholt mit seiner rechten Faust in seine linke Hand: »Was meinen die eigentlich, was ich dann in meiner Zelle mache?« Ihm gegenüber zu schweigen in einer solch prekären Situation, das sei, als werfe man ein brennendes Streichholz in ein Benzinfass.

Er wisse, dass sein Vater sich in solchen Momenten von einem großen Taktgefühl leiten lasse. Er bemühe sich da jeweils sehr, den Sohn nicht unnötig zu belasten. Doch leider mache das alles nur schlimmer: »Seine Rücksichtnahme ist in meinem Fall total kontraproduktiv.« In der Welt, in der er jetzt lebt, hat Bence Toth ein ausgreifendes Sensorium für Spannungen und Unstimmigkeiten entwickelt, und das wirkt sich auch auf die Beziehung zu seinen Nächsten aus. Er habe in Straubing gelernt, immer auf der Hut zu sein, weil er sich hier auf niemanden verlassen könne. Wenn in ihm nun der Verdacht aufsteigt, dass auch seine einzigen und engen Vertrauten ihm etwas verschweigen, dann gerät seine Welt, die er Tag für Tag mit viel Disziplin verteidigt, aus den Fugen. Sobald die Tür seiner Zelle verschlossen wird und er mit sich alleine ist, kann er seine Ahnungen nicht mehr in Schach halten. »Ich liege in meinem Bett«, sagt er, »und finde keine Ruhe.« Das Unausgesprochene spukt in seinem Kopf und wird immer größer, und die Wirklichkeit lässt sich kaum mehr unterscheiden vom Wahn: »Die Grenze zur Paranoia ist näher, als man denkt, und kann manchmal ziemlich durchlässig sein« – das hat Bence Toth Sohn im Gefängnis erfahren.

Bence Toths Vater war ganz gerührt, als er erfuhr, dass sein Sohn fast verrückt geworden wäre aus Sorge um ihn: »Das beweist doch, wie sehr er an mir hängt.« Und er hat jetzt verstanden: »Schlechte Nachrichten müssen in Zukunft auf den Tisch.« Gesundheitlich geht es ihm inzwischen wieder besser.

Trotzdem, so ein Herzinfarkt kommt nicht von ungefähr, erst recht nicht bei seinem trainierten 65-jährigen Vater, glaubt Sohn Toth. Seit er hinter Gittern sitzt, hat er bereits seinen Großvater und seine Großmutter mütterlicherseits verloren. Es gibt dafür biologische Gründe. Sie waren nicht mehr jung. Bence Toth macht die Umstände mitverantwortlich: »Dass meine Großeltern erfahren mussten, dass ihre Tochter massakriert wurde – schlimm genug. Doch dass sie beide im Bewusstsein starben, dass es nicht ausgeschlossen ist, dass ihr Enkel die Tat begangen haben könnte, das verzeihe ich den Richtern nie. Nichts von dem, was sie meinen Angehörigen angetan haben, kann ich ihnen je verzeihen. Meine Familie wurde mitkriminalisiert.«

Bence Toth versucht, sich in alle düsteren Nuancen der Stigmatisierung hineinzudenken, die sein Vater als Vater eines Mörders, denn so sieht ihn die Welt, erdulden muss. Er weiß, dass nach seiner Inhaftierung die Konten seiner Eltern gesperrt worden waren. »Auf Betreiben des sogenannten Freistaates Bayern«, sagt Bence Toth. Seine Eltern hätten sich darauf das Essen vom Mund absparen und verschulden müssen. Er stellt sich vor, wie sein Vater durch die Straßen von Starnberg geht, und links und rechts wird getuschelt. Vielleicht klopft ihm auch mal einer auf die Schultern. »Das wird dann wohl in Mitgefühl verpackte Sensationslust sein.« Bence Toth spürt auch, wie seine Geschichte die Ehe der Eltern belastet, die brüchiger geworden sei.

Seine Geschichte besetzt alles, die Begegnungen mit seinem Vater, seiner Mutter, seinem Bruder. Wenn sie ihn besuchen, kreisen die Gespräche immer um ein Thema: »Immer geht es um mich. Ich stehe im Zentrum. Mein Befinden, meine Zukunft, die nächsten rechtlichen Schritte. Mit meinem Bruder, der jetzt die Parkgarage meiner ermordeten Tante führt, rede ich manchmal übers Geschäft. Und ganz am Schluss frage ich dann jeweils noch, ob meine Nichte jetzt endlich angefangen hat mit dem Cellounterricht.«

Seine Familie ist also mit ihm in den Sog dieses Verbrechens geraten. Doch Schuldgefühle lässt er deswegen bei sich keine zu. Er konzentriert seine Kräfte auf den Kampf gegen die in seinen Augen wirklich Schuldigen am Unglück seiner Nächsten. Er tut das seit dem 5. Mai 2009, seit er die knappe Mitteilung des Bundesgerichtshofes Karlsruhe in den Händen hielt, dass er nach umfassender Prüfung keine Rechtsfehler im Urteil des Münchner Schwurgerichts festgestellt habe, und dass die lebenslange Haftstrafe für den Angeklagten im sogenannten Parkhaus-Mordprozess somit rechtskräftig sei. »Seit diesem Moment befinde ich mich im Krieg.« Da habe er sich, damals 33, gesagt »So, jetzt gehts länger« und sich eine letzte Zigarette gedreht – denn er erinnerte sich an seinen Urgroßvater, der die beiden Weltkriege miterlebt und stets erzählt hatte, dass aus der Kriegsgefangenschaft nur die Nichtraucher heimgekommen seien.

Bence Toths Feinde sind das Gefängnispersonal, vor allem aber diejenigen, die ihn verurteilt haben. Er bekämpft, was er als ihre Willkürherrschaft erlebt, ihre absolute Macht über die Freiheiten und das Leben anderer. Er macht mit ihnen das, was sie mit ihm gemacht haben. Er kriminalisiert sie: »Diese Verbrecher!« Und er entmenschlicht sie: »Das sind ja für mich keine Menschen mehr. Das sind ja nicht mal Bratwürste für mich.« Dabei ist er überzeugt, dass sogar sein Hass auf dieses System und seine Vertreter vom System gewollt sei und geschürt werde: »Wenn derart hasserfüllte Menschen wieder freigelassen werden, bauen sie sofort den nächsten Mist, ist ja klar. Und genau das will man. So ernährt sich das System selbst.«

Er bemüht sich deshalb, seinen Hass in Zorn zu verwandeln. Hilfreich ist ihm dabei sein Sinn für Ironie, etwa wenn er zurückblickt auf die Geschichte seiner Familie. Seine Großeltern väterlicherseits waren von den Stalinisten enteignet worden. Sein Vater verließ Ungarn 1981, weil er seinen Kindern die Willkür und Lügen eines totalitären Staates ersparen wollte. Genau das sei ihm nun widerfahren, sagt Bence Toth, »und zwar im sogenannten Freistaat Bayern«. Er versucht es mit Leichtigkeit: »Dumm gelaufen.« Er weiß, dass die Chancen gering sind, je wieder freizukommen: »Das wirklich Einzige, worauf ich nicht vorbereitet bin: Wenn ich morgen als freier Mann aufwachen würde.«

Sein Vater hingegen verströmt Optimismus. Manchmal ringt er kurz nach Luft, aber meist wirkt er so animiert, als habe er in einem Frühlingsregen gebadet. Seine Frau sei eher pessimistisch, und bis jetzt habe sie leider recht behalten, er jedoch lasse sich nicht einschüchtern, weder von einem Gericht in München noch von einem in Karlsruhe oder Augsburg. Und auch zu Bence habe er gesagt: »Junge, gib nicht auf. Denn wir haben einen Verbündeten, der hat noch nie verloren.« Toth setzt eine bedeutungsschwere Pause: »Und dieser Verbündete ist Jesus Christus.«

Bence Toth ist ein traditionsbewusster Mensch. Nicht umsonst tragen er und sein Erstgeborener denselben Namen, der an den heiligen Benedikt erinnern und Dankbarkeit ausdrücken soll gegenüber dem Benediktinerkloster, das 1944, als die Russen Ungarn angegriffen haben, Toths Mutter aufnahm und rettete. Toth hat seine Kinder so erzogen, wie auch er erzogen worden war, im Glauben an christliche Werte. Er hat auf gute Manieren geachtet. Und wenn Bence frech war, gabs auch mal eine Ohrfeige oder Schläge auf den Hintern. »Ich war bestimmt kein Weichei«, sagt Toth, offensichtlich stolz darauf. Wenn nötig, habe er seine Stimme erhoben und sei konsequent gewesen. Toth lächelt versonnen sein Glas an. »Etwa so konsequent wie mein Vater, der mich manchmal zu sich ins Büro gerufen und mir gesagt hat, ich solle jetzt laut schreien, damit die Mutter denke, er bestrafe mich.« In Wirklichkeit krümmte sein Vater ihm kein Haar.

Die Komplizenschaft und Lockerheit seines Vaters damals nahm er sich zum Vorbild für den Umgang mit den eigenen Söhnen. Als diplomierter Sportlehrer und Besitzer der bekanntesten Schwimmschule Münchens – das dürfe er behaupten, ohne aufzuschneiden – habe er mit seinen Kindern zwar durchaus Karate gemacht und Basketball und Fußball gespielt, doch nur, wenn sie wollten, er habe sie nie gedrängt.

Vater Bence sitzt da und erzählt von der Kindheit seines Sohnes Bence. Es sind die üblichen Anekdoten und Probleme, ganz normale Familiengeschichten. Absurd der Gedanke, Bence Toth könnte mit seiner Erziehung mörderische Anlagen in seinem Sohn gefördert oder auch nur nicht verhindert haben.

Er sei »authentisch« erzogen worden, sagt Bence Toth, der Sohn. »Es hat Watschen gegeben, aber nicht übertrieben oft, und wenn, wusste ich genau, wieso.« Seine Eltern hätten eine gute Mischung aus Freiheit und Vorgaben getroffen, findet er: »Solange die Ergebnisse am Ende des Jahres in Ordnung waren, wurde ich nicht jeden Tag gefragt: ›Wie wars in der Schule, was hast du für Noten?‹«

Als Kind hat er mit seinem Vater gerauft, wie kleine Löwenbabys es tun, er ist Gokart gefahren, sie haben zusammen Ball gespielt oder ein Eis gekauft. Keine Erinnerung ragt heraus. »Zum Glück, denn das bedeutet, dass es nicht singuläre Ereignisse waren.« Er beschreibt seinen Vater als natürliche Autorität mit sentimentalem Einschlag. Er sei eher der Sensible im Vergleich zur Mutter, mit der man herrlich makabre Witze machen könne. Der Vater finde das dann nicht so lustig.

»Ich fühlte mich geliebt«, sagt Bence Toth, und vielleicht hätte er nie begriffen, dass es nichts Wichtigeres gebe, wäre er nicht hinter Gitter gekommen. Die Freiheit könne schnell weg sein, die Gesundheit auch. »Was bleibt, ist die innere Haltung und das Vermögen, zu lieben und sich lieben zu lassen.« Beides habe ihm sein Vater wie selbstverständlich vermittelt, davon zehre er bis heute.

Bence Toth glaubt, dass die meisten um ihn herum dieses Glück nicht haben und sich damit das Klischee bestätige, dass Kriminelle oft aus zerrütteten Verhältnissen stammten. »Ich schließe das aus Andeutungen. Denn man redet ja nicht über Persönliches. Sind ja alles harte Männer hier. Aber die Härtesten, das sind die Schwächsten.« Warum? »Weil es anfällig macht, wenn man seine Schwächen negiert.«

Der Vater kann nicht glauben, dass ein Tantenmörder so denken würde, wie sein Sohn denkt. Er lobt ihn: »Ein sehr, sehr intelligenter Junge. Sehr redlich. Konservativ in der Einstellung: Half den Damen immer in den Mantel.« Und um sich Glaubwürdigkeit zu verleihen, kritisiert er ihn auch: »Ich will ehrlich sein: Er hat ungarisches Blut in den Adern. Da knallen die Türen.«

Es mag Eltern geben, die sich von einem verurteilten Kind abgewandt hätten, andere würden es lieben, nichtsdestotrotz. Die väterliche Liebe Toths jedoch ist so geartet, dass er den Gedanken kategorisch ablehnt, sein Sohn könne ein Mörder sein: »Unmöglich!« Die Frage, ob er es seinem Sohn nicht quasi schuldig sei, wenigstens die Möglichkeit ins Auge zu fassen, dass er die Tat begangen haben könnte, lässt sich nicht zu Ende formulieren, denn Toth unterbricht mich mit Entschiedenheit: »Ausgeschlossen!« Ich zitiere aus der Bibel: »Wer seine Sünden verhehlen will, kommt nicht zum Ziel, wer sie aber bekennt und lässt, der findet Erbarmen.« Toth winkt ab: »Undenkbar!« Trotzdem, angenommen, es gäbe für die Täterschaft seines Sohnes unzweifelhafte Beweise – würde er ihm verzeihen können? Bence Toth schüttelt energisch den Kopf: »Diese Beweise gibt es nicht! Die kann es gar nicht geben. Für Bences Unschuld lege ich meine Hand ins Feuer. Ich gebe mein Leben dafür.«

Das tut er eigentlich jetzt schon. Er geht ins Fernsehen für Bence, er redet mit Zeitungen und Anwälten und löste seine Lebensversicherung auf, um den Verteidiger bezahlen zu können. Er führt die Freunde Bences an und seine Verlobte: »Alle, alle, die ihn kennen, sind von seiner Unschuld überzeugt.« Er verweist auf die Bürgerinitiative ProBence, die die Wiederaufnahme des Strafverfahrens fordert. Mit allen ihm zur Verfügung stehenden Mitteln arbeitet er für die Freiheit seines Sohnes und am Bild, das er sich von ihm macht.

Im Gegenzug beschuldigt er das Gericht der Voreingenommenheit: »Dieser Richter Götzl und die Münchner Staatsanwaltschaft. Je mehr Geständnisse, je höher die Strafen, desto größer ihr Erfolg. Diese Leute haben nicht Gerechtigkeit im Sinn, sondern ihre Karriere.« Auch mit Detailgenauigkeit versucht der Vater seinem Sohn zu helfen: Verurteilt wurde Bence Toth aufgrund von vierzehn Indizien, Zeugen gab es keine. In der Urteilsbegründung hieß es, dass kein Indiz allein für sich ausreiche, den vollen Beweis zu erbringen, doch alle Indizien zusammen würden sich wie zu einem Ring schließen und keine Zweifel an der Täterschaft zulassen.

Toth scheint im Bann dieses Rings und seiner Zerschlagung zu stehen. Immer wieder sieht er Lücken, Fehler, Patzer in der Argumentation. Zum Beispiel bemerkt er, dass ich Linkshänderin bin. Sofort geht die Rede zu seinem Sohn, der ebenfalls Linkshänder sei, und von da aus zum Mörder, der laut einem Rechtsmediziner mit voller Kraft und mit rechts zugeschlagen haben soll.

Wir bestellen ein Bier – und vom Bier zum Alkohol zur ermordeten Tante Charlotte Böhringer ist es ein Satz. Die Pötyi, wie sie in der Familie genannt werde, ungarisch für Pünktchen, obwohl sie gar nicht klein und herzig gewesen sei, sondern eine machtbewusste Münchner Society-Dame, die Pötyi also habe eigentlich gerne einen über den Durst getrunken, allerdings, so stellten die Gerichtsmediziner nach der Untersuchung ihres Blutes fest, offenbar nicht am Tag ihres Todes. Vater Toth kann darum nicht verstehen, dass das Gericht sich nicht mit der fast leeren Flasche Weißwein in Pötyis Kühlschrank befassen wollte. Sie hatte sie für eine Besucherin geöffnet, die letzte Person, die sie vor der Ermordung gesehen hatte. Doch der Besucherin schmeckte der Wein nicht. »Zu sauer«, gab sie den Behörden später zu Protokoll. »Wer also trank die Flasche leer?«, fragt Toth ziemlich aufgebracht.

Ebenso unfassbar ist für ihn das scheinbare Desinteresse des Gerichts für ein Weinglas in der Spülmaschine der Tante. Das Glas wies der Polizei bekannte DNA-Spuren auf. 1981 war die zehnjährige Schülerin Ursula Herrmann tot in einer im Wald vergrabenen Holzkiste aufgefunden worden. Dieselbe DNA wie am Weinglas hatte man damals schon an einer Schraube dieser Kiste gefunden. »Doch das Gericht hat diese Spur nicht beachtet, weil sie angeblich keinen unmittelbaren räumlichen Bezug zur Tat habe.« Vater Toth schüttelt den Kopf, den er sich schon so oft zerbrochen hat über dem 214 Seiten langen Urteil.

Statt sich mit der DNA zu befassen, interessierte sich das Schwurgericht für das Jurastudium seines Sohnes. Denn Pötyi hatte von dem Erben ihrer Geschäfte ein abgeschlossenes Jurastudium verlangt, Bence Toth junior aber schmiss es. Um nicht enterbt zu werden, verheimlichte er den Abbruch laut Gericht gegenüber der Tante zunächst und ermordete sie schließlich, damit sie es nie erfahren würde.

»Falsch! Bence hatte es ihr schon vorher gebeichtet!«, sagt der Vater. Pötyis Steuerverwalter bezeugte dies. Er habe ausgesagt, dass sie vom Studienabbruch ihres Lieblingsneffen gewusst und Verärgerung gezeigt habe. »Damit fällt doch das von der Staatsanwaltschaft konstruierte Tatmotiv in sich zusammen: Sie wusste es ja bereits! Sie wusste es ja bereits!« In der Stimme des Vaters liegen Triumph und Verzweiflung.

Ihm gegenüber hatte der Sohn den Abbruch des Studiums tatsächlich verschwiegen. Ja, sagt Vater Toth, aber das sei etwas ganz anderes. »Das war Scham, nur Scham.« Denn Bence habe gemerkt, dass er sein Studium niemals mit Auszeichnung abschließen würde wie der Vater.

Hat er sein Kind vielleicht mit zu großen Erwartungen beladen? »Ach was, das war ja vor allem die Pötyi, die den Abschluss wollte. Bence hat das Jurastudium vom ersten Tag an gehasst. Er wollte Theaterwissenschaft studieren. Aber ich sagte zu ihm: ›Damit kannst du keine Familie ernähren.‹ Und was die Tante betrifft, sagte ich: ›Mach, was sie von dir will. Du musst parieren.‹«

Er bedauert diesen Ratschlag bis heute nicht. Bence sei erwachsen und übernehme die Verantwortung für sein Handeln. »Bence ist kein Softie, und er war es auch der Tante gegenüber nicht. Die versuchte ja sogar, ihm seine Verlobte madig zu machen, *so eine Sonderschullehrerin*, sagte sie voller Verachtung. Da klopfte Bence aber auf den Tisch.«

So spricht ein stolzer Vater über seinen Sohn. Er bestärkt seine Überzeugung, indem er jede freie Minute damit verbringt, das Tatmotiv zu zerpflücken und die Indizien zu widerlegen, die seinen Sohn hinter Gitter brachten. Lange kann er referieren, kein Detail des Urteils hält seiner Analyse stand. Wenn ein Vater um die Freiheit seines Sohnes kämpft, dann kämpft er zugleich um seine eigene Freiheit.

Auch der Sohn gibt den Kampf nicht auf. Er kann gar nicht anders, als sich zu widersetzen und darauf zu hoffen, dass das Leben im Gefängnis ein vorübergehendes ist. Er sagt: »Wenn mein Vater sterben würde, bevor ich hier rauskomme, dann wäre das der Supergau.« Um anschließend zu betonen, Freiheit sei kein absoluter Wert, er halte an seiner Unschuld fest.

Bence Toth erinnert sich an den Moment, als um den sechzigsten Verhandlungstag herum sein Verteidiger zu ihm kam mit der Nachricht, der Staatsanwalt lasse mitteilen, er könnte sich allenfalls mit »Totschlag im Affekt« anfreunden. Wäre er, Bence, damals auf dieses Angebot eingegangen, wäre er heute wohl schon wieder auf freiem Fuß. Stattdessen ließ er ausrichten: Der Herr Staatsanwalt könne ihn am Arsch lecken, er solle bitte ermitteln und nicht verhandeln.

Er habe in jenem Moment auch an seinen Vater gedacht. Der würde sich ja bestimmt freuen, seinen Sohn wieder in die Arme schließen zu können. Aber zu diesem Preis? »Es gibt Dinge, die sind bedeutender als das eigene Leben«, sagt Bence Toth. »Die Wahrheit, innere Stärke, Liebe.«

Es klingelt. Die Tür geht auf. Ein Mann in grüner Uniform streckt den Kopf in das Zimmer, in dem wir uns während drei Stunden und 45 Minuten ungestört unterhalten durften. Eine Sonderbewilligung, jetzt ist die Zeit um. Noch zwei Fragen:

Was wünscht er sich für seinen Vater?

»Dass er seinen Sohn zurückbekommt.«

Und was wünscht er sich für sich?

»Dass mein Vater seinen Sohn zurückbekommt.«

Ein kurzer, starker Händedruck, Bence Toth wird abgeführt.

DANK

Ganz herzlich möchte ich mich bei den Gesprächspartnern bedanken für das Vertrauen und die Zeit, die sie mir geschenkt haben.

Danken möchte ich auch alle jenen, die mir bei der Anbahnung von Kontakten und Terminen behilflich waren: Edwin Enderlein, Johann Fink, Vanessa Käse, der Redaktion des »Nachtcafé«, Sonja Neffati, Ilse Pogatschnigg, Oberregierungsrat Roland Retzbach, Anuschka Roshani und Martin Thüring.

Ganz herzlichen Dank dem Verlag Kein & Aber, allen voran möchte ich mich bei meiner Lektorin Sara Schindler bedanken, für die sehr kompetente und fröhliche Zusammenarbeit, bei Sophie Dezlhofer und Susanne von Ledebur fürs Mitdenken und natürlich sehr bei Peter Haag für das freundschaftliche Vertrauen.

Ich danke außerdem Alexander, Anna, Christian, Eva, Frank, Franziska, Gilbert, Grit, Guido, Heidi, Inga, Jonas, Karin, Lilli, Lilo, Louis, Norina, Maja, Muriel, Philipp, Pia, Rachel, Regula, Silvia, Stephan fürs Mitdenken, für Zuspruch, Begeisterung und Freundschaft. Und ein großes Dankeschön an Urs und Constantin fürs Gegenlesen.